KB141839

왕초보 타로 카드

왕초보 타로카드

마스타칼리 지음

개정1판 1쇄 발행일 2007년 6월 25일
개정1판 25쇄 발행일 2025년 1월 25일

펴낸이 | 이춘호
편집인 | 이지현

펴낸곳 | **당그래출판사**
출판등록일(번호) | 1989년 7월 7일(제301-2005-219호)
주소 | **04627** 서울시 중구 퇴계로 32길 34-5(예장동)
전화 | (02) 2272-6603
팩스 | (02) 2272-6604
homepage | www.dangre.co.kr
e-mail | dangre@dangre.co.kr

초 보 자 를 위 한 타 로 카 드 매 뉴 얼

BASIC WAITE TAROT CARD

왕초보 타로 카드

마스타칼리 지음

[당그래]

CONTENTS

부록 초보들을 위한 Q&A 10가지

Q1. 타로 카드로 자신의 점을 볼 수 있나요?

Q2. 해석을 잘하려면 어떻게 해야 되죠?

Q3. 다른 사람의 미래를 당사자의 부탁이 없거나, 당사자가 없는 자리에서 해도 되나요?

Q4. 모르는 사람의 점을 봐줄 수도 있나요?

Q5. 같은 질문을 반복했는데 왜 할 때마다 다른 답변이 나오는 걸까요?

Q6. 타로 관리는 어떻게 하나요?

Q7. 카드로 점을 치고 나면 많이 피곤해지는 것 같아요.

Q8. 타로 카드를 친구가 빌려달라고 하는데 그래도 괜찮나요?

Q9. 메이저 아르카나와 마이너 아르카나는 구분해서 사용해야 하나요?

Q10. 복각(復刻)이란 무슨 의미인가요?

초보자가 꼭 외워둘 3가지 타로 상식

타로카드란?

15세기부터 귀족들 사이에서 유행하기 시작했던 점술용 카드의 한 가지입니다.
유사한 것으로는 트럼프(Trump)와 독일의 타로크(Tarok)가 있습니다. 트럼프는 17세기 이후
프랑스로 건너간 마르세이유 타로의 영향을 받아 제작되었습니다. 현대의 대표적인 놀이용 카
드로 쓰이는 트럼프의 원형을 제공한 것이 바로 타로 카드입니다. 비슷한 시기에 독일로 건너
간 타로는 숫자놀이 개념의 타로크가 됩니다. 타로크는 일정 숫자의 카드를 뽑는 게임인데, 이
것이 타로와 유사하다 하여 타로의 역사에 넣는 경우도 있습니다.

타로카드란 '메이저와 마이너로 구성된 카드' 입니다. 카드의 장수는 78장을 기준으로 그보다
많거나 적을 수 있습니다. 유럽권에서는 메이저만 있는 카드들이 상당수 존재합니다. 카드를
섞어 선택되는 카드의 뜻을 읽어 미래를 점치거나 현재 상태를 판단할 수 있습니다.

덱이란?

타로 카드 한 벌(78장)을 덱(Deck)이라고 합니다. 다시 말해 카드 한 세트를 부르는 명칭
입니다. 타로 카드는 종류에 따라 부수적인 카드가 포함되어 있는 경우도 있습니다.
물론 이 모든 것을 한 세트로서 덱이라고 부릅니다.

아르카나란?

아르카나(Arcana)는 원래 '비밀' 이란 뜻을 가지고 있습니다. 그렇지만 메이저 아르카나
를 메이저 카드로, 마이너 아르카나를 마이너 카드로 해석해서 일반적으로 사용하고 있습
니다. 타로는 우선 가장 큰 범주에서 볼 때, 22장의 메이저 아르카나와 56장의 마이너 아
르카나로 나뉩니다.

서 문

'베이직 웨이트(Basic Waite)' 라는 이름은 아서 에드워드 웨이트 경(Dr. Arthur Edward Waite, 1857~1942)이 만든 '라이더 웨이트(Rider Waite)' 에서 나온 것입니다. 베이직 웨이트 타로가 라이더 웨이트 타로를 복각(復刻)한 것이기 때문입니다. 그러면서 본래의 '쉽게 풀어보는 타로', '초보자를 위한 타로' 라는 기획 의도를 토대로 '베이직(Basic)' 이라는 이름이 붙은 것입니다.

물론 라이더 웨이트 타로가 모든 타로의 기본이라고 단정지을 수는 없습니다. 하지만 배우는 입장에서 독특하고 개성있는 타로보다는 다 같이 공부할 수 있는 타로를 만들어보자는 취지에서 전세계적으로 널리 사용되고 있는 라이더 웨이트 타로를 선택하게 되었습니다.

라이더 웨이트 타로는 이미 여러 사람에 의해 복각되었습니다. 그 복각된 형태에 따라 '다이아몬드' 나 '유니버설' 등의 다양한 이름으로 불리워졌습니다. 그럼에도 불구하고 이것을 기초로 하여 만들어진 타로는 열 손가락으로 꼽아도 다 세어지지 않습니다. 사실 라이더 웨이트가 현대에도 대중적인 역할을 하기까지에는 여러 가지 이유가 있습니다.

첫째는 가장 대중적이고도 저렴하게 타로를 제작하고 있는 미국의 유에스게임스(U. S. Games)에서 한때 라이더 웨이트를 주력으로 판매했다는 점입니다. 둘째는 위대한 타로 마스터인 스튜어트 카플란(Stuart R. Kaplan)이 라이더 웨이트 매뉴얼을 만들어 당시 최고의 인기를 누렸다는 점입니다. 셋째는 웨이트 경이 쓴 《The Pictorial Key to the Tarot》가 현대에 쉽게 번역되면서 많은 사람들이 타로 카드의 이론을 세우는데 이 책을 참고했다는 점입니다. 마지막으로 78장의 카드 이미지마다 풍부한 상징을 가지고 있고, 그 상징적 체계가 매우 논리적이고 명료해서 초보자들이 쉽게 카드를 해석할 수 있다는 점입니다.

필자가 라이더 웨이트를 복각하고자 마음먹은 것은 어느 날 발견한 복제본 타로 때문입니다. 우리나라에서 타로의 인기가 점차 높아지자 어느새 복제된 타로 카드가 시중에 판매되고 있었던 것입니다. 문제는 이 매뉴얼들을 너무나도 비체계적으로 짜집기해 조야한 작품으로 전락시켰다는 점입니다.

사실 라이더 웨이트의 체계에는 필수적으로 들어가는 키워드와 들어가지 말아야 할 키워드가 있습니다. 그런데 이 복제본은 이미 기존에 나왔던 '월광○○' 의 복제본이나 '천원짜리 도화지 아쿠아리안' 과 별다르지 않은 매뉴얼이었습니다. 알 수 없는 '유령회사' 에서 만들어진 것들입니다.

메이저 아르카나만 들어 있는 빈약한 상태로 천 원짜리의 값어치를 넘지 않는 제품이었습니다.

한편 이 매뉴얼과 대조해 유에스게임스에서 만든 라이더 웨이트의 매뉴얼을 읽어보았습니다. 배열법은 단지 한 개만 소개한 채 키워드들이 나열된 매뉴얼은 아무리 봐도 이해하기 어려웠습니다. 오히려 매뉴얼면에서는 복제본이 더 상세하다고 볼 수 있었습니다.

이러한 여러 가지 장·단점을 고려해 보다 완성도 높은 타로를 만들고자 노력했습니다. 타로의 정통성을 확보하면서도, 좀 더 다양한 배열법을 다루면서 상세한 설명을 해나가는 방향으로 구상했습니다. 그래서 베이직 웨이트 타로가 만들어진 것입니다. 베이직 웨이트는 라이더 웨이트의 원형을 살려 '수채화'로 작업된 타로입니다. 복각이기 때문에 라이더 웨이트의 원형을 비롯해 색채 또한 본래의 취지에 맞도록 만들었습니다.

처음 이 베이직 웨이트는 유니버설 웨이트처럼 '색연필화'로 제작될 예정이었지만 실제로 그려진 그림은 라이더 웨이트와는 달리 '연약한' 느낌을 주었고, 때문에 좀더 강한 느낌을 주는 '수채화'로 옮겨가게 되었습니다.

이 책에서는 많은 초보자들이 궁금해하던 해석 부분을 강화하였습니다. 또한 취미로 타로 카드를 사용하는 사람들을 위해 해석에 대한 예문을 별도로 덧붙였습니다. 카드 그림 속의 상징을 읽어내는 이미지 리딩(Image Reading, 사전지식 없이 카드 그림으로만 판단하기)에 대한 편견과 오해를 없애고자 실제로 분석한 사례도 담았습니다.

이 카드가 한국에서, 한국인이, 한국인을 위해서 만든 첫 번째 타로가 된 것이 매우 영광스럽습니다. 이 타로를 출판하게 되면서 안 사실이지만, 유에스게임스에서 처음 자체 제작하였던 타로 카드도 라이더 웨이트의 복각판이었습니다. 세계에서 가장 많은 타로를 출판한 곳만큼은 되지 못하더라도 꿈은 이제 현실화되기 시작하였습니다.

항상 말한 것처럼, 이 카드는 만든 사람에 의해 변형되었고 재창조되었습니다. 그렇기 때문에 되도록 만든 사람의 해석을 참조하여 '여러분의 뜻대로' 해석하시기 바랍니다.

2002년 가을, 마스타칼리

어느 타로 카드나 아래와 같은 단계를 통해 사용합니다. 기본적으로 타로를 도대체 어떻게 사용하는지 살펴보고 나서, 베이직 웨이트 타로에 대해 알아봅시다.

〉〉〉〉 타로, 이렇게 한다

STEP 1	먼저 질문을 정하세요.
STEP 2	카드를 섞으세요.
STEP 3	카드를 뽑으세요.
STEP 4	카드를 배열하세요.
STEP 5	카드를 해석하세요.

제1장
타로, 이렇게 한다

STEP1 〉〉〉 먼저 질문을 정하세요

타로 카드를 사용하면서 가장 중요한 순간은 질문과 주제를 정하는 시간입니다. 카드를 섞기 전에 질문을 어떻게 하느냐에 따라서 결과는 완전히 달라지기 때문입니다. 물론 "내일 비가 올까?" "내일 늦잠 자지 않고 학교에 갈 수 있을까?"

"내일 소개팅에서 괜찮은 파트너를 만날 수 있을까?" "용돈이 떨어졌는데 엄마한테 용돈을 받을 수 있을까?" "새로운 아르바이트를 구할 수 있을까?" 등등 사소한 일들에서부터 "세계평화는 이루어질까?"라는 거대한 질문까지 모두 좋습니다. 하지만 타로 카드를 통해 좀더 정확한 해답을 얻고자 한다면, 구체적인 질문을 해야 합니다. 특히 베이직 웨이트 타로의 경우에는 생활 속의 '상황'에 따른 키워드가 풍부하니까 말이죠.

〉〉〉〉가장 구체적으로 질문한다
Point | 너무 추상적인 질문 (×) ⇨ "나의 인생에 대해서"

좋지 못한 대표적인 질문입니다. 타로 카드는 배열법을 사용할 경우 각 카드별로 시간적 제약이 있습니다. 때문에 이렇게 질문을 하면 나의 인생 중 어느 시간이 카드에 나타날지 아무도 알 수 없습니다. 물론 클래식 타로의 몇 가지 배열법은 시간적 진행 상황을 보여주기 때문에 인생 전반에 관해 읽어내는 것도 가능합니다. 그렇지만 현대 타로의 대부분의 배열법들은 불가능합니다. 그럼 어떻게 질문해야 할까요?

Point | 아주 구체적인 질문 (o) ⇨ "내일면접을 봐야 할까?
만약 그 대학에도 합격한다면 어느 대학에 입학해야 할까?"

일단 한 대학에 붙은 상태에서 다음날 또 최종 면접을 봐야하는 질문자의 상황이라 합시다. 둘 중 어느 대학이 좋을지 알 수 없습니다. 물론 이미 붙은 대학은 명문대학이지만 적성과는 상관없는 전공을 배워야 하고, 면접을 봐야 하는 대학은 명문 대학은 아니지만, 자신의 적성을 활용할 수 있는 곳입니다. 이런 상황에서 위와 같은 질문을 한 것입니다.

이것은 좋은 질문입니다. 이 경우 일단 내일 면접을 볼 것인가 말 것인가를 가지고 카드를 해석해야 합니다. 바로 근접한 미래에 관해 먼저 해석한 후 그 결과에 따라 좀더 미래에 해당하는 부분을 읽어내야 합니다. 면접의 결과가 나타난 후 다시 대학을 선택하기 위해 카드 해석을 해도 늦지 않습니다.

〉〉〉〉한꺼번에 여러 가지 질문을 하는 것은 금물!

한꺼번에 여러 가지 질문을 하는 경우도 있습니다. 하지만 질문에도 순서가 있습니다. 가장 우선되는 것을 먼저 해석한 후, 나머지를 두고 순서를 정해서 해석해야 합니다. 하지만 초보자들이 시도하기에는 해석상 어려움이 많기 때문에 좀더 익숙해진 후에 하는 것이 좋겠습니다.

밑의 예문을 통해 이렇게 여러 가지 질문을 한꺼번에 하면 얼마나 복잡한지 살펴봅시다.

"우리나라가 IMF의 돈을 갚을 수 있을까?"

"우리나라의 경기가 좋아질까?"

"내가 취직할 수 있을까?"

"취직하면 금전적으로 집에 도움이 될 수 있을까?"

IMF와 관련된 이 네 질문에 대해 모두 '긍정의 대답(Yes)'으로 카드가 나왔다면, 위에서처럼 순차적으로 접근하면서 해석해도 상관없습니다. 왜냐하면 일정한 대답이 나왔으므로 세부적으로 들어가는 질문을 해석하는 데 무리가 없기 때문입니다.

한편 먼저 나온 카드와 나중에 나온 카드가 '긍정의 대답(Yes)'과 '부정의 대답(No)'이 섞여서 나올 경우가 있습니다. 이런 경우는 카드의 의미가 일관되게 연결되지 않아서 해석이 매우 어려워지게 됩니다. 예를 들면 금전운은 좋게 나왔는데 취업운이 나쁘게 나오는 경우나, 연애운이 좋은데 애인하고 싸우게 되는 등 상반되는 카드들이 번갈아서 선택되면 해석이 힘들게 됩니다.

STEP2 》》》카드를 섞으세요

카드 게임의 기본은 카드 섞기입니다. 타로 카드에서는 이것을 셔플(Suffle)이라고 합니다. 섞는 방법은 취향에 따라 다르지만, 되도록 카드가 훼손되지 않도록 하는 것이 바람직합니다. 카드를 섞는 동안에는 먼저 생각했던 주제나 질문을 되새기면서 해야 됩니다. 그렇게 해야 생각했던 주제나 질문에 맞는 카드가 골라집니다.

》》》카드를 잡는 방법
엄지와 중지 사이의 폭으로 카드를 살짝 들고 셔플을 합니다. 나머지 손가락들은 카드의 무게를 지탱하기 위해 중심을 잡을 뿐 힘을 주어서는 안 됩니다.

카드를 섞을 때는 뒷면이 위로 가게

잘 되었나요? 하지만 카드를 섞기 전에 한 가지 고려해야 될 것이 있습니다. 바로 정·역 방향을 모두 사용하는 배열법이라면 이 두 방향이 골고루 섞어져야 됩니다. 따라서 컷을 활용해야 합니다.

》》》컷(Cut)이란?
카드를 섞은 후, 혹은 섞는 중간중간 컷(Cut)을 합니다. 컷이란 카드 무더기에서 일정 부분 나누는 것을 말합니다. 정·역 방향이 섞여 있는 카드는 중간중간 컷을 해서 딜

어낸 카드를 180도 회전시켜 다시 반대 방향으로 만듭니다. 컷을 여러 번 반복하면 정
· 역이 적당히 섞이게 됩니다. 카드를 선택하기 전에 일정한 양으로 무더기를 나누어
내려 놓는 것도 전부 컷이라고 부릅니다. 정·역이 바뀌지 않도록 주의해야 합니다.

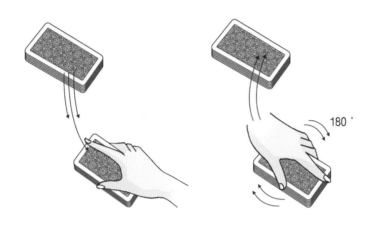

① 무더기에서 일부를 덜어낸다.　② 덜어낸 무더기를 180도 회전해서 되얹는다.

〉〉〉〉카드를 섞는 방법 3가지
●가장 일반적인 방법

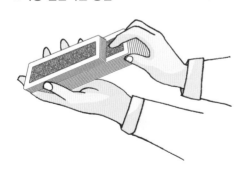

옆에서 본 모습

위에서 본 모습

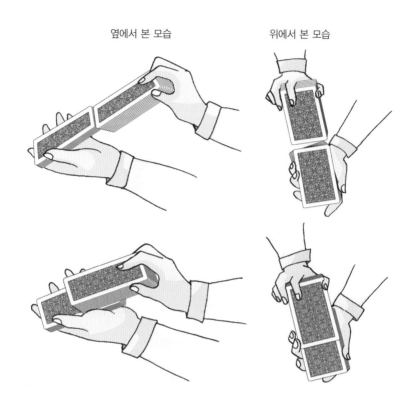

옆에서 본 모습　　　　　위에서 본 모습

●손으로 덜어내는 방법

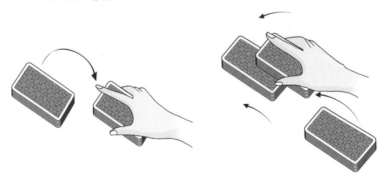

① 무더기에서 일부 덜어낸다. ② 덜어낸 무더기의 윗부분에서 일부를 원래의 무더기로 되얹는다.

● 천을 이용하는 방법

스프레드 천(Spread Cloth, 카드를 배열할 때 바닥에 깔아 두는 천)을 활용하면 좋습니다. 카드를 천 위에 얹은 후, 손을 무한대(∞) 표시로 그리며 좌우로 섞습니다. 다 섞은 후에는 카드의 앞면이 보이지 않도록 카드를 잘 정리하여 한두 번 더 섞어주면 됩니다.

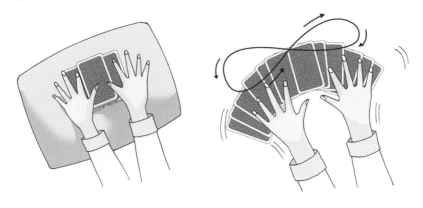

① 카드 위에 양손을 얹는다.　② 무한대 표시를 그리며 카드를 문지른다.

〉〉〉〉섞다가 카드가 튕겨나갔을 때

카드를 섞는 과정에서 주변에 떨어지거나 튕겨나간 카드가 있다면 카드를 뒤집어 어떤 카드인지 확인해 둡니다. 초보자의 경우에는 카드를 섞는 방법이 미숙하기 때문에 카드가 흩어지기 쉽습니다. 그렇지만 그러한 카드가 의미 있는 경우가 있기 때문에 어떤 카드인지 확인해 둡니다.

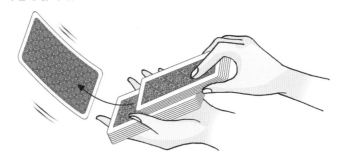

이렇게 어떤 중요한 의미를 가지고 있는 경우도 있지만, 대부분은 질문자의 선입견 속에서 거부하는 카드인 경우가 많습니다. 때문에 이 카드들은 질문자가 제대로 이야기하지 않거나 감추려고 할 때 많은 도움을 얻을 수 있습니다.

STEP3 》》》카드를 뽑으세요

카드를 다 섞었다면 이제 배열할 카드를 선택할 차례입니다. 많은 초보자들이 카드의 선택을 어려워하는 경향이 있습니다. 규칙이 없기 때문입니다. '위에서부터 할까, 아래에서부터 할까?', '몇 장 아래에서부터 선택할까?', '차라리 규칙이 있으면 좋을 텐데.' 등등 많은 생각을 하게 될 것입니다. 카드의 선택은 순전히 직감에 맡겨야 합니다. 전통적으로 적당한 양을 덜어내고 나서 본격적인 선택을 합니다. 하지만 카드를 특정한 방법으로 선택해야 된다는 규칙은 없습니다. 어떤 카드를 선택해야 할지 망설여질 때는 그냥 눈을 감고 선택하면 됩니다.

카드의 중간중간 원하는 것을 선택해도 좋고, 뭉치의 바닥에서부터 위로 선택해 나가도 좋습니다. 카드 무더기를 살짝 덜어낸 후 위에서부터 적당히 꺼내어 배열하는 방법이 일반적입니다.

》》》카드를 뽑는 방법 4가지

고전적인 방법과 요즈음 포춘텔러(Fortune-teller, 수정구나 타로 카드 등을 통해 미래를 예언하는 상담가)들이 사용하는 몇 가지 방법을 살펴 봅시다. 세 장의 카드를 사용하는 3 카드 배열법을 예로 들어 보겠습니다.

● **가장 일반적인 방법**

① 무더기에서 맨 위 카드를 떼어낸다.

가장 널리 쓰이는 방법입니다. 섞은 카드 무더기의 맨 위에 있는 카드를 첫 번째 카드로 선택합니다. 그리고 나서 무더기를 약간 덜어낸 후 남은 무더기에서 맨 위에 있는 카드를 두 번째 카드로, 맨 아래에 있는 카드를 세 번째 카드로 선택하는 방법입니다. 덜어내는 양은 취향에 따라 다릅니다.

② 덜어내고 남은 무더기에서 맨 위 카드를 떼어낸다.

③ 덜어내고 남은 무더기에서 맨 아래 카드를 떼어낸다.

●고전적인 방법

일반적으로 잘 사용하지 않는 왼손을 가지고 컷(Cut)하여 카드 무더기를 반으로 나누어 양쪽에 내려 놓습니다. 그런 다음 한 가지를 선택하여 자신이 성스럽게 생각하는 숫자만큼 다시 섞습니다. 맨 위에서부터 질문자의 나이만큼 해당하는 카드를 첫 번째 카드로, 다시 그 숫자만큼 아래의 카드를 두 번째 카드로, 가장 바닥에 위치한 카드를 마지막 카드로 구분하는 방법입니다.

예문 〉〉〉 질문자의 나이가 14살이라면 성스러운 수는 보통 7 또는 5가 됩니다. 우선 일곱 번이나 다섯 번을 섞습니다. 그런 다음 맨 위에서부터 열네 번째 카드가 첫 번째 카드, 다시 열네 번째 카드부터 열네 번째 카드가 두 번째 카드가 됩니다. 따라서 첫 번째 카드는 열네 번째, 두 번째 카드는 스물일곱 번째 카드가 선택됩니다. 선택된 카드부터 순서를 세기 때문입니다.

●유럽식 방법

카드를 섞은 다음 이것을 세 개의 무더기로 나누고 한 무더기를 질문자가 선택하도록 합니다. 그런 다음 선택한 무더기를 다시 섞은 상태에서 세 장을 선택하는 방법입니다.

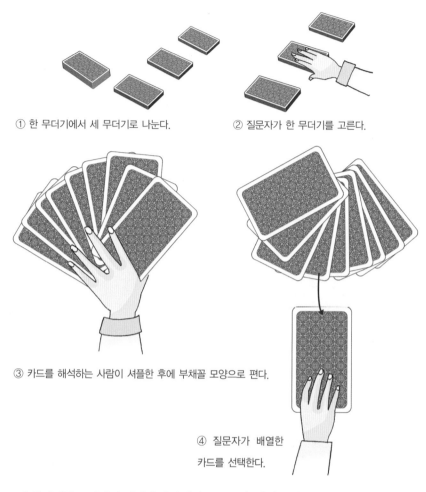

① 한 무더기에서 세 무더기로 나눈다.

② 질문자가 한 무더기를 고른다.

③ 카드를 해석하는 사람이 셔플한 후에 부채꼴 모양으로 편다.

④ 질문자가 배열한 카드를 선택한다.

이 무더기를 포커판의 딜러가 하듯이 손으로 쓰윽 밀어 부채꼴 모양으로 만들어 질문자가 다시 고르도록 합니다. 이때 카드를 순서대로 한 장씩 고르게 합니다. 점을 볼 때 당사자가 여럿인 경우, 혹은 주변사람들의 의견을 보고 싶은 경우에는 주변사람들에게 한 장씩 뽑아달라고 해도 괜찮습니다.

●그 외의 방법

셔플한 카드의 무더기에서 맨 위부터 순서대로 세 장을 선택하거나 바닥에 깔린 카드부터 세 장을 순서대로 선택하는 방법 등이 있습니다.

>>>>점을 칠 때마다 같은 카드가 나올 때
 심각하거나 중요한 질문을 할 때는 덱을 순서대로 정렬하고 시작해야 합니다. 카드 섞는 버릇에 따라, 미세하게 손상되거나 카드가 구부러지는 등 사용자의 흔적이 남게 됩니다. 한 가지 타로만 사용한 사람이라면 무의식적으로 자주 집었던 카드를 선택하게 되기 때문입니다.

STEP4 >>>> 카드를 배열하세요

>>>>배열법(Spread)이란?
 우선 질문하기 전에 질문에 따라 원하는 배열법을 선택해 두어야 합니다. 배열법이란 정해진 위치에 따라 카드를 내려 놓는 방법입니다. 보통은 3장을 삼각형 모양으로 놓거나, 5장을 오각형 모양으로, 10장을 십자 모양으로, 12장을 원형으로 배열합니다. 모양이 예쁘다거나 카드 장수가 많으면 해석이 잘된다는 속설은 잘못된 것입니다. 가장 정확하게 해석하기 위해서는 자기에게 맞는 배열법을 찾아내야 합니다.

>>>>카드를 내려 놓는 방법
 카드를 배열할 때에는 이 위치의 뜻을 하나하나 되새기며 카드를 내려 놓아야 합니다. 그래서 세 장으로 배열하는 경우, 외국의 포춘텔러들은 "당신의 과거(한 장 내려 놓고) 당신의 현재(한 장 내려 놓고) 당신의 미래(한 장 내려 놓고), 이제 당신의 모습이 드러납니다."처럼 간단한 주문을 외우며 배열하는 경우가 많습니다. 배열법을 잊어 버리지 않기 위해서이기도 하지만, 질문자로 하여금 해당 위치에 대한 관심을 유도하기 위해서입니다.

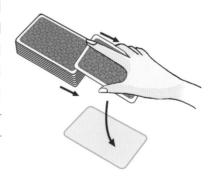

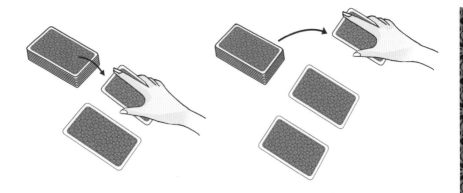

① 무더기에서 카드 한 장을 집어서 내려놓는다.

② 다시 한 장을 집어서 순서대로 내려놓는다.

③ 나머지 한 장을 집어서 순서대로 내려놓는다.

● 주의

카드를 무더기에서 선택해서 내려 놓을 때에는 카드 뒷면이 보이도록 배열해야 합니다.

STEP5 〉〉〉 카드를 해석하세요

〉〉〉〉정 방향과 역 방향을 모두 사용할 것인가?

배열이 끝났으면 카드를 뒤집어서 그림이 보이도록 합니다. 카드를 읽을 때도 주의할 점이 있습니다. 그 타로 카드가 뒤집힌 카드 즉, 역 방향을 인정하느냐 하지 않느냐를 먼저 고려해야 합니다. 베이직 웨이트 타로는 두 가지 방식을 모두 사용하기 때문에 더 헷갈릴 수 있습니다. 당신이 처음 베이직 웨이트를 시작했다면 간단 키워드만 가지고 해석하기를 권합니다.

만약 당신이 이미 다른 타로들을 접한 바 있고 정 방향과 역 방향의 서로 다른 뜻을 이해하고 있다면, 본격적인 카드 해석을 할 수 있습니다. 그렇다면 정 · 역을 고려해서 카드를 읽어야겠죠?

〉〉〉〉제대로 카드 뒤집는 방법

카드는 왼쪽에서 오른쪽이나, 오른쪽에서 왼쪽으로 뒤집어야 합니다. 아래쪽에서 위쪽이나, 위에서 아래쪽으로 뒤집으면 정 · 역이 뒤바뀌기 때문입니다. 정 방향이 나왔으면 정 방향의 키워드를, 역 방향이 나왔으면 역 방향의 키워드를 참조하면 됩니다.

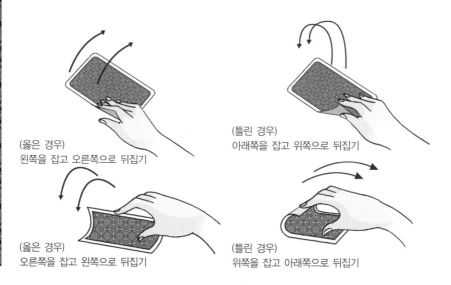

(옳은 경우)
왼쪽을 잡고 오른쪽으로 뒤집기

(틀린 경우)
아래쪽을 잡고 위쪽으로 뒤집기

(옳은 경우)
오른쪽을 잡고 왼쪽으로 뒤집기

(틀린 경우)
위쪽을 잡고 아래쪽으로 뒤집기

〉〉〉〉정 방향과 역 방향이란?

정 방향과 역 방향을 구분해서 해석할 때에는 이 방향이 뒤섞이지 않도록 해야 합니다. 역 방향이란 카드가 거꾸로 나오는 것입니다. 그렇게 되면 12번 매달린 남자(The Hanged Man) 카드를 제외하고는 모두 사람이 거꾸로 나오게 되겠죠. 이것이 역 방향입니다. 밑에 표기된 카드명의 방향에 따라 정·역을 판단해도 상관없습니다.

역 방향

정 방향

〉〉〉〉타로, 이렇게 한다(요약)

① 카드 뒷면이 위로 올라가게 잡으세요.　　② 카드를 잘 섞으세요.

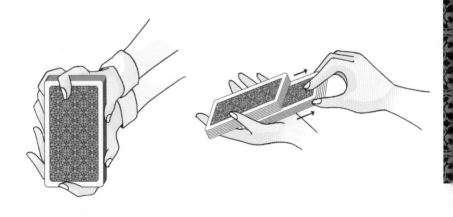

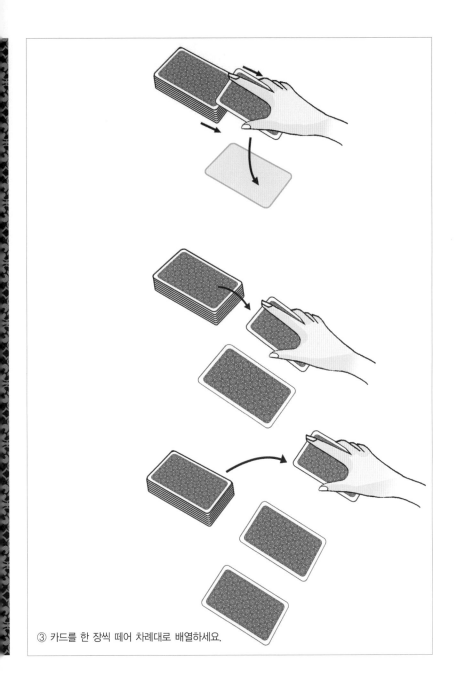

③ 카드를 한 장씩 떼어 차례대로 배열하세요.

간단 키워드를 통해 해석해 본다면?

타로를 처음 대하는 초보자일 때 〉〉〉 간단 키워드를 가지고 해석하세요. 해석하다가 역 방향이 나왔다고 해도 당황하거나 다른 매뉴얼을 찾을 필요가 없답니다. 모두 정 방향으로 나란히 배열 한 후 〈제3장 78장의 간단 키워드〉를 참조하면 됩니다.

이전에도 타로를 배워본 중급 초보자일 때 〉〉〉 타로 카드의 키워드는 매우 다양하기 때문에 그중 에서 한 가지만 골라내기란 쉽지 않습니다. 이런 기초 작업에 익숙해졌다면, 정·역을 고려한 〈제4장 베이직 웨이트 타로 해석〉을 시작해 보세요.

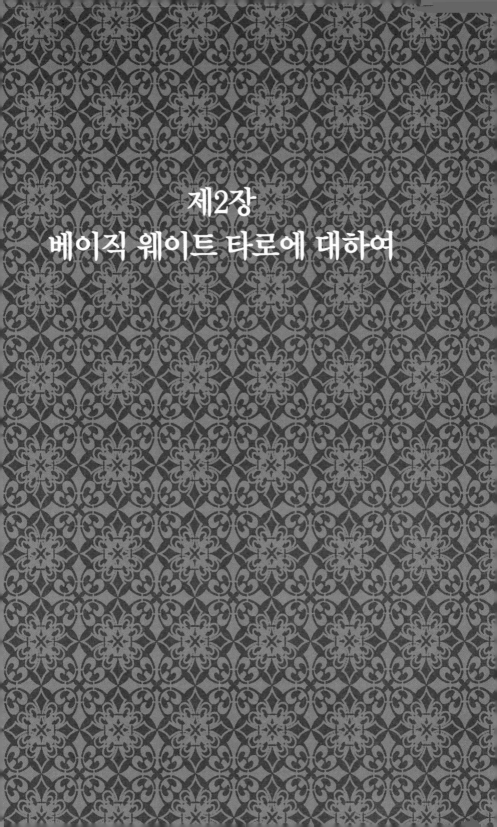

제2장
베이직 웨이트 타로에 대하여

▷▷▷ 클래식 타로와 모던 타로에 대하여

〉〉〉〉클래식 타로와 모던 타로란?

앞으로 접할 타로 카드들 중 몇몇은 비슷비슷한 모습으로 자주 접하게 될 것입니다. 그중 가장 자주 만나게 될 카드가 웨이트 경이 만든 라이더 웨이트 타로입니다. 이 라이더 웨이트 타로에는 저자가 직접 편찬한, 체계적이며 논리적인 매뉴얼《Pictorial Key to the Tarot》가 포함되어 있습니다.

이 책은 후일 많은 타로 전문가들에게 영향을 끼쳤습니다. 물론 이것만이 타로의 전부는 아닙니다. 이보다 오래 전에 라이더 웨이트 타로가 만들어지도록 영향을 끼친 타로 카드들이 있습니다.

우리가 앞으로 '클래식 타로(Classic Tarot)' 라고 지칭할 비스콘티 스포르자(Visconti Sforza) 타로, 마르세이유(Marseille) 타로, 에소테릭 에이션트:에틸라(Esoteric Ancient:Etteilla) 타로가 그것입니다. 소위 '고전 타로' 라고 여겨져서 분류되는 명칭입니다.

물론 라이더 웨이트 타로도 클래식 타로에 포함시키는 경우가 있습니다. 하지만 라이더 웨이트 타로가 클래식 타로를 통해 만들어진 '현대 타로의 시작' 이라는 점을 감안해 모던 타로(Modern Tarot)에 넣도록 합시다.

클래식 타로는 모던 타로와 구성 자체가 다릅니다. 22장으로 구성된 메이저 아르카나(Major Arcana, 메이저 카드)는 양적으로 많은 부분을 차지하는 56장의 마이너 아르카나(Minor Arcana, 마이너 카드)와 그 모습이 다릅니다. 모던 타로가 되면서 가장 많은 변화가 생긴 부분이 이 마이너 아르카나 부분입니다. 뒤에서 다시 설명하겠지만, 마이너 아르카나는 '상징' 과 그를 지배하는 '궁정 카드' 로 구성되어 있습니다. 상징은 다시 '시작:1' 에서부터 '완성:10' 까지의 단계로 나뉘어 있습니다. 클래식 타로에서는 이 '상징' 을 그 자체로 표현하는데, 모던 타로에서는 특별한 의미를 가지는 '상황' 으로 표현하고 있습니다. 즉 상징이 어떤 단계와 시점을 의미하고 있는 반면에, 상황은 어떤 시점의 결과를 보여주게 됩니다.

〉〉〉클래식 타로와 모던 타로 해석 방법

클래식 타로와 모던 타로는 해석 방식부터 다릅니다. 보통 사용설명서 역할을 하는 '매뉴얼'의 내용에서 뚜렷하게 드러납니다. 이것은 모던 타로를 주로 출판하는 유에스게임스(U. S. Games)와 클래식 타로를 출판하는 로 스카라베오(Lo Scarabeo)의 차이로 볼 수도 있습니다.

다시 말해 클래식 타로는 깊은 의미를 가진 짧은 문장의 형태를 띠고 있고, 모던 타로는 단답식의 단어를 수없이 나열하고 있습니다. 사실 짧은 문장은 그 속뜻을 파악하기 위해 상상력이 필요하고, 나열된 단어는 적절한 단어를 고르기 위한 노하우가 필요합니다.

〉〉〉클래식과 모던을 접목한 베이직 웨이트 타로

클래식과 모던을 접목해서 베이직 웨이트 타로는 만들어졌습니다. 클래식 형식의 '짧은 문장'과 모던 형식의 '나열된 단어'를 모두 사용한 것입니다. 따라서 베이직 웨이트에서는 세계 최초로 두 가지 방법을 모두 사용하여 해석하게 될 것입니다. 참고로 영미권에서는 대부분 단어를 나열하는 방식을, 유럽권에서는 짧은 문장을 사용합니다. 이 타로에 대한 두 가지 설명방식이 모두 한국에 들어와 있기 때문에 자연스럽게 혼합해서 연습할 수 있도록 구성한 것입니다.

베이직 웨이트는 클래식 타로를 통해 생겨난 '반항아' 라이더 웨이트의 그림을 바탕으로 만들었습니다. 그러면서도 그 시초인 클래식 타로의 틀을 그대로 가지고 있으므로 클래식 타로의 범주에 넣을 것입니다. 때문에 베이직 웨이트는 특정 카드의 순서가 클래식 타로와 같습니다.

클래식은 8번이 법(Justice) 카드, 11번이 힘(Strength) 카드입니다. 모던은 8번이 힘(Strength) 카드, 11번이 법(Justice) 카드입니다. 클래식의 틀을 기준으로 삼는 조건으로 베이직 웨이트에서도 8번이 법(Justice) 카드이고, 11번이 힘(Strength) 카드입니다.

베이직 웨이트는 세상을 움직이는 인간의 의지를 모토로 하였습니다. 때문에 갓 태어나 아직 능력이 없고 보잘것없는 인간을 상징하는 0번 소년(The Fool) 카드를 제일 앞에 두지 않고, 20번 심판(Judgement) 카드와 21번 세계(The World) 카드 사이에 두

었습니다. 이는 신의 의지(20번 심판[Judgement])와 그의 실현(21번 세계[World])이 인간을 통해 완성되며, 이를 위해 인간이 창조되었다는 성경의 내용을 기반으로 합니다. 물론 베이직 웨이트를 접하는 사람들도 있으리라 생각합니다. 그러나 기독교 사상이 중세시대를 지배했었던 사실을 감안할 때, 타로 카드의 탄생부터 막대한 영향을 미쳤을 것입니다. 때문에 타로 카드의 상징적 배경에는 기독교 사상이 빠질 수가 없습니다.

▷▷▷ 베이직 웨이트 타로의 특징

〉〉〉키워드가 중복되지 않아요

 베이직 웨이트는 라이더 웨이트를 기초로 하여 '재해석'이 이루어졌기 때문에 변형된 개념의 키워드들이 존재합니다. 따라서 제일 먼저 해야 할 것은 매뉴얼을 처음부터 끝까지 읽어주는 일입니다. 물론 라이더 웨이트와 완벽하게 다르지는 않습니다. 대부분의 키워드들은 변형되었기 때문에 해석에 있어서 시각이 많이 달라지게 됩니다.
 베이직 웨이트의 키워드는 78장을 한꺼번에 사용하도록 구성하였습니다. 따라서 메이저만 사용할 경우 해석이 되지 않는 경우가 많이 생길 것입니다. 원본이자 기초가 된 라이더 웨이트 매뉴얼에는 메이저와 마이너에 중복된 키워드들이 상당수 있습니다. 베이직 웨이트에서는 이러한 중복된 키워드를 보다 확장된 단어로 포함시켰으며, 사용상의 편의를 위해 키워드를 78장에 골고루 나누어 놓았습니다. 따라서 일부 카드만 사용하면 나누어 놓은 키워드가 무의미해집니다.

〉〉〉공백 카드가 한 장 있어요

 베이직 웨이트에는 아무것도 그려져 있지 않은 한 장의 공백 카드가 있습니다. 사용해도 좋고 사용하지 않아도 상관없습니다. 공백 카드는 '대답 없음'으로 해석하면 됩니다. 이것을 삽입한 이유는 초보자들이 카드를 배열했을 때 해석을 중단해야 하는 상황을 좀더 쉽게 알 수 있도록 넣은 것입니다. 따라서 일종의 '중단'의 의미로 해석하면 됩니다.
 공백 카드를 제외한 카드의 낱장을 잃어버리면 더 이상 사용할 수 없습니다. 베이직 웨이트는 78장을 기본으로 하고 있습니다. 타로 카드는 원래 한 장이라도 잃어버리면 사용할 수 없습니다.

>>>>정 방향과 역 방향 모두 사용해요

베이직 웨이트에서 간단 키워드는 정 방향만을 사용하도록 되어 있습니다. 간단 키워드는 카드의 전체적인 의미를 한눈에 파악하는 데 용이합니다. 즉 정 방향과 역 방향 모두를 합쳐서 만들었기 때문에 정 · 역의 구분을 할 필요도, 섞을 때 일일이 뒤집을 필요도 없습니다. 그리고 정 · 역의 키워드 사이에서 골몰히 생각할 필요없이 명료하게 카드를 읽을 수 있습니다.

정 · 역을 섞어서 사용하다가 정 방향만 사용할 때는 꼭 카드를 정렬해야 합니다. 정렬을 하지 않을 경우 뒤집힌 카드가 배열 중에 선택될 수 있습니다. 이때 정 방향으로 볼 것인지 역 방향으로 볼 것인지에 대한 혼동이 일어날 수 있습니다.

좀더 정확하게 해석을 하기 위해서는 제대로 정렬을 하는 것이 중요합니다. 특히 타인과 연관된 배열이라면 해석이 더욱 복잡하게 될 수 있기 때문에 정렬은 중요합니다. 정렬시에는 순서대로 정렬하는 것이 바람직하지만, 정 · 역이 뒤섞인 카드들을 정 방향으로 몰아서 정렬해주는 것만으로도 충분합니다.

▷▷▷ 베이직 웨이트의 메이저 아르카나

>>>>메이저 아르카나의 구성

22장의 카드로 구성되어 있는 메이저 아르카나(Major Arcana)는 '세계' 자체를 그린 것으로서 보편적인 가치에 대한 실마리를 제공합니다. 특히 베이직 웨이트에서는 1~21번까지의 순서 중에서 0번 소년(The Fool) 카드가 20번과 21번 사이에 들어가 있습니다.

>>>>메이저 아르카나에 담긴 의미

메이저에는 모든 인간들이 겪어야만 하는 인생의 향로가 담겨 있습니다. 세상에 태어나 인간은 부모의 영향권 안에서 유년기를 거치게 됩니다. 사춘기의 사랑, 혼란, 반항을 통해 그리고 세상의 고난, 윤리, 도전과 더불어 성숙해지게 됩니다. 상실과 위기, 좌절, 변형을 통해 새로운 희망을 자각하고 목표에 대한 궁극적 승리와 성취를 지향하게 되는 것입니다. 이렇게 인간이라면 반드시 겪게 되는 모든 것을 큰 울타리에 담아내고 있는 것이 메이저 아르카나입니다.

메이저 아르카나의 이미지들은 인생의 특정 시점에서의 마음 상태뿐만 아니라, 외적인 삶에서 대체로 어떤 경험과 부딪히게 될 것인지 말해줍니다. 인간들의 상태와 운명에 내포된 인생의 경험들을 상기시켜주는 것입니다.

〉〉〉〉메이저 아르카나의 순서

I	마법사	THE MAGICIAN	X IX	태양	TTHE SUN
II	여사제	THE HIGH PRIESTESS	X X	심판	JUDGEMENT
III	여왕	THE EMPRESS	0	소년	THE FOOL
IV	황제	THE EMPEROR	X X I	세계	THE WORLD
V	교황	THE HIEROPHANT			
VI	연인들	THE LOVERS			
VII	전차	THE CHARIOT			
VIII	법	JUSTICE			
IX	은둔자	THE HERMIT			
X	운명의 수레바퀴	WHEEL OF FORTUNE			
X I	힘	STRENGTH			
X II	매달린 남자	THE HANGED MAN			
X III	죽음	DEATH			
X IV	절제	TEMPERANCE			
X V	악마	THE DEVIL			
X VI	흔들리는 탑	THE TOWER			
X VII	별	THE STAR			
X VIII	달	THE MOON			

힘(STRENGTH)과 정의(JUSTICE)는 타로카드 중 유일하게 서로 번호를 교차해 사용하는 카드입니다. 제작자의 성향에 따라 클래식을 기준으로 하는 경우는 '정의'를 8번에 '힘'을 11번에 사용하고, 모던을 기준으로 하는 경우에는 '힘'을 8번에 '정의'를 11번에 배치합니다.

▷▷▷ 베이직 웨이트의 마이너 아르카나

)))))마이너 아르카나의 구성

56장으로 구성되어 있는 마이너 아르카나(Minor Arcana)는 컵(Cup), 완드(Wands), 소드(Swords), 펜타클(Pentacles)의 네 가지 슈트(suit)로 나뉘어져 있습니다. 이것은 우리 주변상황의 다양한 요소들과 관련되어 있습니다. 특히 '다수의 인물이나 인간관계에 대한 상황' 일 때 수십 가지의 해답을 좀더 구체적으로 제시합니다.

세상에 존재하는 사물의 구성요소로 여겨지는 4원소처럼 네 가지 슈트는 일상생활속의 단면들을 담고 있습니다. 어떤 면에서 그것들은 메이저 카드 22장에 의해 묘사되는 보편적인 실마리보다, 더 자세히 그리고 더 개인적인 차원으로 전개시킨 것입니다. 아래와 같이 삶의 네 가지 영역을 담고 있습니다.

> 컵))) 당신의 생각에 관해서, 그리고 당신이 느끼는 것에 관해서
> 완드))) 당신의 직업과 관련하여, 때로는 당신이 하고 있는 모든 일에 대해서
> 소드))) 정치, 권력, 착각, 그리고 여러 가지 슬프고 괴로운 사건들,
> 펜타클))) 재능, 하늘이 주는 행운, 그것을 현실로 만드는 노력.

)))))각 슈트별 이름과 상징

마이너 아르카나는 각각의 슈트(suit)마다 성장단계에서 완성단계로 옮아가는 과정을 담고 있습니다. 각각의 슈트에서 다시 숫자 카드와 궁정 카드로 나뉩니다. 숫자 카드는 1에서 시작되어 10으로 완성되는 카드이고, 궁정 카드는 왕(King), 여왕(Queen), 기사(Knight), 소년(혹은 시종, Page)으로 구성됩니다. 가끔 이러한 슈트의 이름들이 여러 가지로 불리워져서 구분하기 힘들다는 의견이 있어 한번 정리해 보겠습니다.

> 그릇))) Cup, Cauldron, Pot, Bottle, Coppe, Chalices
> 장대))) Wand, Staff, Rods, Stick, Bar, Club, Baton
> 검))) Sword, Knife, Spade, Epees
> 동전))) Pentacle, Coin, Circle, Stone, Denari, Oros

●그릇(Cups)

 그릇은 기본적으로 물을 담기 위해 만들어졌습니다. 그릇은 또한 담을 수 있는 모든 것을 상징합니다. 때문에 인간에게서 가장 중요한 감정을 담는 그릇, 즉 '마음'을 상징합니다. 물이란 인간의 생존을 위해서 가장 중요한 것입니다. 때문에 인간의 삶 속에서 펼쳐지는 '세월' 혹은 '시간'을 상징하게 됩니다. 물은 담기는 그릇에 따라 그 형태가 달라집니다. 따라서 '변화하는 것'을 상징하기도 합니다. 이 슈트는 준비된 자세를, 더 나아가 당신의 의지를 담을 수 있는 무한한 것들을 상징합니다.

●장대(Wands)

 장대는 집을 받치는 '기둥'을 상징합니다. 또한 인간이 직립해 있을 수 있는 '다리'를 상징합니다. 이것은 곧 '나무'를 상징하며 하늘을 향해 '성장'하는 모든 것입니다. 성장하는 것은, 빨리 자라면 금방 시들어 버립니다. 또한 너무 늦게 자라면 꺾일 수 있습니다. 성장은 쉬거나 피할 수 있는 것이 아닙니다. 때문에 인간이 피할 수 없는 '의무'를 상징하게 됩니다. 나무는 불타오르며 빛을 발합니다. 하늘을 향해 타오르는 '불'은 이 슈트의 가장 강한 상징입니다.

●검(Swords)

 검은 '무력' 혹은 '힘을 가진 자'를 상징합니다. 또한 힘의 불균형이나 그것의 발전에 관해서도 이야기하기도 합니다. 이카드는 힘에 반하는 것, 힘으로 인한 상처, 힘을 주고받는 인간 사이의 관계를 상징합니다. 힘의 이동은 공기를 가릅니다. 그래서 '공기' 또는 '바람'을 상징하기도 합니다. 힘은 보이지 않으나 분명히 작용하고 있는 것이기 때문입니다.

●동전(Pentacles)

 인간이 집착하는 모든 것을 상징합니다. 가장 근본적인 물질적인 욕구와 권력, 이 모든 것을 위한 발판을 담고 있습니다. 인간은 '흙'에서 태어났으며, 인간이 가지고자 하는 모든 것들을 바로 이 흙에서 자라납니다. 물론 성장하는 것에서 얻어지는 '열매' 또한 동전이 상징하는 것입니다. 집착과 손실, 포기를 통해서 당신이 가져야 하는 것과 가질 수 없는 것을 구분짓게 될 것입니다.

〉〉〉〉궁정 카드의 이름과 상징

궁정 카드는 그 사용 범위와 작가의 의도에 따라 순서가 달라질 수 있습니다. 때로는 이 궁정 카드가 네 가지 원소(물, 불, 바람, 흙)로 대체될 수도 있습니다.

King, Queen, Knight, Page
King, Queen, Prince, Princess
Queen, Knight, Princess, Page
Queen, Knight, Princess, Prince
King, Queen, Prince, Knight

●왕(King)

가장 강한 힘을 가진 자입니다. 때문에 몰락할 수도 있으며 가장 외로운 존재이기도 합니다. 게다가 독선적일 수 있습니다. 결정권이 그에게 있으며, 결정 후의 책임도 왕이 가지고 있습니다. 왕은 강한 힘을 가지고 있지만, 그보다 강한 힘이 나타나면 몰락하게 됩니다. 그 공포심과 외로움이 때로는 '정신병'을 낳기도 합니다.

●여왕(Queen)

'강함'을 '유연함'으로 감싸는 존재입니다. 강한 존재가 사라지게 되면 이 유연함이 힘을 발휘하게 됩니다. 그녀는 '강함'을 보호하기 위해 항상 친절하며, '강함'을 드러내지 않기 위해 표면적인 '정숙함'을 지킵니다. 여왕은 모든 것을 늘리고 키워내는 손을 가지고 있습니다. 그러나 그녀는 모든 것을 가질 수 있는 존재이며 언제든 가질 수 있기 때문에, 한편으론 '물질적인 집착'을 숨기고 있습니다.

●기사(Knight)

그는 명령을 받아 움직이며, 자신의 상상력과 의지를 가지고 있지 않습니다. 그는 '충성'하지만 상황에 따라 '배신'할 수 있습니다. 그는 항상 여행하며 한곳에 머무르지 않습니다. 그는 가까운 곳을 보지 않고 항상 먼 곳을 봅니다. 그는 어느 곳에 소속되어 있기를 원하면서도 동시에 항상 그곳에서 벗어나기를 원하는 자입니다.

●소년(혹은 시종, Page)

그는 '상상력'과 '호기심'이 많습니다. '의지'를 가지고 있지만 행동하기 위한 권리와 힘은 가지고 있지 못합니다. 때문에 '결과'를 얻는 경우는 거의 없습니다.

소년은 자신의 상상력과 의지를 현실화하게 위해 노력합니다. 또한 어리기 때문에 흥정하거나 타협할 줄 모릅니다. 따라서 가장 활발하지만 결과를 가지기엔 가장 미약한 존재입니다.

제3장
78장의 간단 키워드
초보자를 위한
리딩 워밍업

베이직 웨이트에서 간단 키워드들을 뽑아낸 이유는 메이저와 마이너의 방대한 분량을 압축하기 위해서입니다. 타로 카드를 해석하는 데 아직 익숙치 않은 초보자라면 워밍업으로 간단 키워드를 활용해 보는 것도 좋습니다. 이 간단 키워드들은 간단한 문장으로 구성되어 있지만, 당신에게 정확하게 조언해 줄 것입니다. 이것들은 카드 78장 전체를 사용해야 하며, 정 방향만을 사용해야 합니다. 카드끼리의 영향도 중요합니다. 때문에 3장 이상, 즉 3 카드 배열법 등을 할 때 좀더 정확한 해석을 할 수 있습니다.

▷▷▷ 메이저 아르카나(Major Arcana)

I 마법사 THE MAGICIAN

간단한 키워드 | 당신이 가진 능력대로, 어쩌면 상상하는 대로 이루어지다.

당신의 행동은 적절합니다. 당신은 스스로를 잘 알고 있기 때문에 실패하지 않을 것입니다. 어쩌면 당신은 너무 작은 것을 바라고 있는지도 모릅니다. 좀더 목표를 높게 잡는 것은 어떨까요?

II 여사제 THE HIGH PRIESTESS

간단 키워드 | 생각의 깊이만큼, 상대방을 고려하는 만큼 결과는 달라진다.

당신이 주변상황에 대해 얼마나 잘 알고 있는지에 따라 결과가 달라질 수 있습니다. 당신은 중간에 위치한 사람입니다. 때문에 당신이 주변상황을 어느 정도 고려하느냐에 따라서 결과는 달라집니다. 당신이 세심하게 주변을 살폈다면 억울한 상황으로 치닫지는 않을 것입니다.

III 여왕 THE EMPRESS

간단 키워드 | '물질적인 부' 와 '정신적인 만족' 두 가지를 모두 가지다.

당신이 원하는 모든 것을 의미합니다. 당신이 원하는 안정적인 가정과 멋진 직장, 이 두 마리 토끼를 모두 잡는 것을 뜻합니다. 당신은 '남편' 과 '애인' 이 둘다 있었으면 하고 생각할 수도 있습니다. 어쩌면 당신이라면 두 마리 토끼를 가질 수 있을 것입니다. 당분간은 말입니다.

❍힘(STRENGTH)과 정의(JUSTICE)는 타로카드 중 유일하게 서로 번호를 교차해 사용하는 카드입니다. 제작자의 성향에 따라 클래식을 기준으로 하는 경우는 '정의'를 8번에 '힘' 을 11번에 사용하고, 모던을 기준으로 하는 경우에는 '힘' 을 8번에 '정의' 를 11번에 배치합니다.

Ⅳ 황제 THE EMPEROR

간단 키워드 | 물질적인 풍요와 자신의 지위로 인해 고립되다.

당신이 친구를 제외한 모든 것을 가질 수 있음을 의미합니다. 당신이 친구를 원한다면 지금 가진 것들을 즐기며 그것에 감사해야 합니다. 소유한 것들을 잃지 않도록 말입니다. 당신 주변에 많은 사람이 있겠지만 모두 당신의 친구는 아닙니다.

Ⅴ 교황 THE HIEROPHANT

간단 키워드 | 당신의 선택에 우선되는 것은 '의무'와 '현재'.

당신의 선택이 당신의 의지대로 이루어지지 못합니다. 당신에게는 주어진 '의무'와 '책임'이 있습니다. 게다가 당신은 현실적이어서 '불확실한 미래'보다는 '안정적인 현실'을 택할 것입니다. 마음은 자유롭지만 당신의 이성이 스스로를 지배할 것입니다.

Ⅵ 연인들 THE LOVERS

간단 키워드 | 섣부른 유혹에 넘어가지 않는다면 이롭다.

지금 다가온 사랑이 섣부른 유혹의 결과가 아니라면 당신에게 아름다운 것들을 가져다줄 것입니다. 활활 타오르는 열정적인 사랑 속에서 당신은 그 무언가를 성취하게 될 것입니다. 또한 그것으로 인해 당신은 움직이게 될 것입니다. 하지만 그 결과는 그 사랑이 진실인지 거짓인지에 달려 있습니다.

Ⅶ 전차 THE CHARIOT

간단 키워드 | 지나치지 않는다면 이익을 얻을 수 있다.

해야만 하는 상황이라면 하는 것이 더 좋습니다. 하지만 지나칠 경우 실패할 수 있으므로 적절히 행동하는 것이 좋습니다. 스스로 자신의 이익을 파괴하려는 것이 아니라면 행동에 주의 해야 합니다.

Ⅷ 법 JUSTICE

간단 키워드 | 판단의 결과는 당신의 몫, 판단이 아닌 그 결과가 중요하다.

당신은 바로 눈앞의 결과가 아닌 더 먼 미래를 고려해서 선택해야 합니다. 지금 눈앞의 일만 생각해서 선택한다면 최종적인 결과는 긍정적일 수 없습니다. 사건의 결과는 빠른 시간 내에 나타나는 것이 아닙니다. 오히려 생각보다 늦게 나타날 수 있습니다.

IX 운둔자 THE HERMIT

간단 키워드 | 숨겨진 비밀이라는 것은 생각보다 하찮은 것일 수 있다.

당신의 머릿속을 떠나지 않는 어떤 '사건'은 사실 별것 아닙니다. 당신의 인생에 있어서 큰 의미를 가지지 못하는 작은 일에 인생을 맡겨서는 안 됩니다. 잊어버리고 새롭게 시작한다면 더 많은 인생의 풍요로움을 얻을 수 있습니다.

X 운명의 수레바퀴 WHEEL OF FORTUNE

간단 키워드 | 운명의 결과는 먼 훗날 살펴보면 좋은 결과인 경우가 많다.

운명적인 상황은 항상 변합니다. 시간이 흐르면서 과거를 바로 볼 수 있을 만큼 당신은 현명해질 것입니다. 또한 당신은 눈뜨게 될 것이며, 운명은 당신에게 합당한 것이 무엇인지를 알게 해줄 것입니다. 그것이 현재 부정적이냐 긍정적이냐는 중요하지 않습니다.

X I 힘 STRENGTH

간단 키워드 | 내제된 에너지는 어디로 흘러갈지 모르는 것, 조절할 수 있는 자가 승리자다.

힘을 가진 자가 가져야 할 두 번째 요소를 말합니다. 현명하게 힘을 사용하는 자만이 '이익'을 얻게 됩니다. 더욱이 그 힘을 잘못 사용하는 자에게는 파멸을 안겨 줍니다. 당신은 지금 힘에 취하지 않도록 주의해야 합니다. 조금만 주의한다면 당신은 원하는 결과를 얻을 수 있을 것입니다.

X II 매달린 남자 THE HANGED MAN

간단 키워드 | 원하는 바를 얻기 위한 희생은 누구에게나 요구된다.

'돈'을 얻기 위해 '땀'을 흘려야 하는 것은 당연한 이치입니다. 당신이 무언가를 원한다면 당신은 그 값을 지불해야 합니다. 공짜로 얻을 수 있는 것은 아무것도 없습니다. 물론 당신이 대신 다른 사람의 이익에 대한 대가를 지불해야 하는 경우도 있습니다. 그러나 대부분의 희생은 당신 스스로를 위한 것입니다.

XⅢ 죽음 DEATH

간단 키워드 | 끝났다는 말이 결말이 났다는 말은 아니다.

흔히 죽음은 '상황의 변화'를 나타냅니다. 하지만 이 급격한 변화가 반드시 결말만은 아닙니다. 변화를 결과로 바꾸기 위해서는 당신 스스로 '생각의 변화'를 일으켜야 합니다. 쳇바퀴처럼 똑같은 결정만 내리는 당신에게 '끝'이란 없습니다.

XⅣ 절제 TEMPERANCE

간단 키워드 | 지나치지 않으면 손해볼 일도 없다.

이 키워드는 누구에게나 꼭 필요한 덕목입니다. 절제는 모든 곳에서 당신을 보호해주는 가장 강력한 주문입니다. 당신의 현재 행동이 지나치지 않은지 항상 고민하고 주의해야 합니다. 손해는 당신이 오버하면 시작됩니다.

XⅤ 악마 THE DEVIL

간단 키워드 | 멸망을 부르는 유혹.

당신을 참을 수 없도록 만드는 유혹들을 의미합니다. 악마는 당신을 분노하게 하고 좌절하게 합니다. 많은 돈으로, 아름다운 여자로, 근사한 지위로 유혹을 하며, 그 결과는 항상 당신의 파멸입니다. 이 키워드는 당신에게 지금 나타난 것이 한낱 '유혹'이라고 말하고 있습니다.

XⅥ 흔들리는 탑 THE TOWER

간단 키워드 | 어쩔 수 없는 손해, 억울할 수도 있다.

당신이 피하지 못한(때로는 피하지 못할) 사건을 말합니다. 물론 예견한 사건일 수 있지만, 당신에 의해 생겨난 일이 아닐 수도 있습니다. 그러나 이것을 피할 수 없는 운명입니다. 이 카드가 만약 미래를 위한 카드라면 피해를 최소화할 수 있도록 준비해야 합니다.

XⅦ 별 THE STAR

간단 키워드 | 손실 후에도 포기하지 않는다면 희망은 있다.

손실 후의 '희망'에 대해 이야기합니다. 12번 매달린 남자에서 말한 바 있지만, 손실은 보통 채워지기 위해서 발생합니다. 운명은 때론 잔인하여 손실이라는 고통이 있은 후에야 인간이 더 큰 '기쁨'을 느낀다는 것을 알고 있습니다.

XVIII 달 THE MOON

간단 키워드 | 달빛은 모든 것을 신비롭게 보여준다. 숨겨진 것은 적과 손실의 상황이다.

겉치장에 불과한 속임수에 관해 말합니다. 위선적인 미소를 가진 사람, 속으로는 다른 생각을 하고 있는 사람, 혹은 자신의 진면목을 숨기고 있는 사람 등을 가리킵니다. 때로는 당신이 이러한 현재 상황을 제대로 판단하지 못하고 있을 수도 있습니다.

XIX 태양 THE SUN

간단 키워드 | 누군가에게는 행복한 결론이 나타나다.

행복한 결과를 의미합니다. 그러나 이 행복한 결과가 질문자나 당신만을 위한 것은 아닙니다. 이 결과는 이치에 따라 각자의 몫에 맞게 나누어지기 때문입니다. 자격이 없어 얻지 못한 행복에 대해서는 아쉬워하지 않는 것이 좋습니다.

XX 심판 JUDGEMENT

간단 키워드 | 모든 것은 밝혀지고 완성되어 원점으로 돌아간다.

예정된 시간을 의미합니다. 숨겨졌던 목적은 드러나고 오랫동안 준비된 모든 것들은 완성됩니다. 다시 말해 때가 되면 심판에 이른 후 멸망이 이루어지며 다시 새로운 세상이 준비되고 있음을 말하는 카드입니다. 모든 것은 옳은 방향대로 이루어질 것입니다.

0 소년 THE FOOL

간단 키워드 | 절제한다면 미래로, 절제하지 못한다면 나락으로 향한다.

당신이 아무리 어리고 보잘것없는 사람이라도 당신의 미래는 점점 더 밝아질 것입니다. 그러나 꼭 기억해야 할 것이 있습니다. 반드시 모든 행동을 절제해야 한다는 것입니다. 무분별한 행동 때문에 당신은 지옥으로, 파멸로 치달을지도 모릅니다.

XXI 세계 THE WORLD

간단 키워드 | 그 계획의 주체가 신이건 인간이건 간에 결과적으론 계획되었던 대로 끝
납니다.

당신의 노력은 헛되지 않았습니다. 물론 당신이 주도한 일이 아니고 이해할 수조차 없
는 고차원의 존재(때로는 신)가 주도한 일이라고 할지라도 말입니다. 모든 것은 상상
외로 좋은 결말을 맺을 것입니다. 따라서 주도한 사람이 원했던 방향대로 완벽하게 이
루어질 것입니다.

▷▷▷ 마이너 아르카나(Minor Arcana) - 컵

〉〉〉〉컵은 무엇을 의미하는가? 당신의 생각에 관해서, 그리고 당신이 느끼는 것에 관해서.

컵 에이스 ACE OF CUPS

간단 키워드 | 즐거운 가정, 당신에게 많은 것을 주는 집.

넘쳐 흐르는 힘을 주는 당신의 원천은 집입니다. 여기서 당신의 집은 어쩌면 사람일
수도 있습니다. 당신은 지금 어떤 것이라도 해낼 준비가 되어 있습니다. 당신이 지금
생각하고 있는 모든 일에 행운이 따를 것입니다.

컵 2 TWO OF CUPS

간단 키워드 | 사랑, 그리고 그 타오르는 감정.

당신을 뒤흔드는 즐거운 감정, 그것은 두말할 것 없이 사랑입니다.

컵 3 THREE OF CUPS

간단 키워드 | 모두가 축하할 만한 일이 생기다, 여행의 기회가 생길 수 있다.

복권에 당첨되거나, 기념일이 다가오거나, 좋은 성적을 거두거나, 혹은 당신이 속한
팀이 많은 것을 획득할 수 있습니다. 때로는 당신이 공모전에서 당선되거나 장학금을
받을 자격을 얻어 유학을 가게 될 수 있습니다.

컵4 FOUR OF CUPS

간단 키워드 | 과도한 스트레스는 지나친 감정을 낳는다, 마음의 안정을 추구하라.

주변상황은 당신을 자극하는 것뿐입니다. 당신이 여러 가지 생각으로 잠을 설치는 것도, 당신이 일을 할 만한 상황이 아닌 것도 이해합니다. 이럴 땐 아무것도 생각하지 않는 게 좋습니다. 잠을 자거나, 음악을 듣거나, TV를 보는 것도 현명하게 스트레스를 해소하는 방법입니다.

컵5 FIVE OF CUPS

간단 키워드 | 손실, 하지만 모든 것을 잃은 것은 아니다.

예상치 못한 손실(때로는 예상할 수 있는 손실)을 의미합니다. 다행히 당신에게 중요한 모든 것을 잃은 것은 아닙니다. 손실은 작은 것이고 금방 채워질 수 있을 것입니다.

컵6 SIX OF CUPS

간단 키워드 | 과거는 그저 추억일 뿐, 현재의 '나'에게 무언기를 주지 않는다.

과거는 아름다움입니다. 또 당신이 미래에 다가갈 수 있는 힘이 될 수도 있습니다. 하지만 주저앉아 원동력을 되새기는 것만으로 미래를 가질 수는 없습니다. 과거가 아닌 현재의 나를 생각해야 합니다.

컵7 SEVEN OF CUPS

간단 키워드 | 정신을 차리면 유혹(잘못된 생각)을 이길 수 있다.

당신은 지금 사사로운 생각들에 흔들리고 있습니다. 지금 당신이 생각하고 있는 많은 것들은 그저 유혹일 뿐입니다. 처음에 갖고 있었던 생각을 기억해야 합니다.

컵8 EIGHT OF CUPS

간단 키워드 | 겸손하게 행동하면 이익을 얻을 수 있다.

행동을 조금 자제해야 합니다. 나서기 좋아하는 성격은 많은 것을 놓치게 합니다.

컵9 NINE OF CUPS

간단 키워드 | 육체적인 만족감을 얻다.

당신의 건강과 육체적인 쾌락을 말합니다. 당신은 충분히 건강하며 당신의 파트너는 당신에게 만족을 줄 것입니다. 물론 충분히 준비가 되어 있다면 말입니다.

컵10 TEN OF CUPS

간단 키워드 | 만족감을 가지고 편안히 쉬다. 불시에 닥칠 사건에 주의하라.

당신은 지금 행복하다고 생각하고 있습니다. 물론 지금은 당신이 행복을 즐기며 편안히 쉬어야 할 시기입니다. 약간만 주의한다면 이 행복은 더욱 오래 지속될 것입니다.

컵 소년 PAGE OF CUPS

간단 키워드 | 참신한 아이디어를 가진 동료나 친구.

당신이 잠깐만 뒤를 돌아본다면 당신에게 충분히 도움이 될 만한 사람이 곁에 있습니다. 당신은 그 친구와 함께 좋은 결과를 공유할 것입니다.

컵 기사 KNIGHT OF CUPS

간단 키워드 | 예상했던 결과를 얻게 되다.

당신이 생각하고 있던 결과가 그대로 전해질 것입니다. 물론 당신이 얻게 된 것은 긍정적인 결과입니다. 또 예상한 만큼의 결과입니다.

컵 여왕 QUEEN OF CUPS

간단 키워드 | 친절하고 바른 사람, 좋은 사람, 그러나 바른 충고가 나에게 도움이 되지 않는 경우도 있다.

어머니나 선생님의 충고는 옳은 것이지만, 그 충고가 도움이 되지 않을 수도 있습니다. 당신이 적절한 시기에 그 충고를 이해하지 못하기 때문입니다. 가끔은 주변 사람의 충고를 머릿속에 담아두는 것도 좋습니다.

컵 왕 KING OF CUPS

간단 키워드 | 정확하고 바른 사람, 하지만 당신이 힘들어하는 사람(가족으로 본다면 아버지에 해당된다.).

너무 정확하고 올바르기 때문에 다른 사람을 불편하게 만드는 사람을 말합니다. 물론 올바른 사람입니다. 너무 똑바른 선택만을 강조하는 것도 타인에게는 나쁘게 보일 수 있습니다.

▷▷▷ 마이너 아르카나 – 완드

>>>>완드는 무엇을 의미하는가? 당신의 직업과 관련하여, 때로는 당신이 하고 있는 모든 일에 대해서.

완드 에이스 ACE OF WANDS

간단 키워드 | 성공할 가능성이 더 높다, 실패한다고 해도 이것은 성공의 기반이 될 것이다.

당신에게 좋은 경험이 될 만한 사건을 의미합니다. 더욱이 당신이라면 성공할 수 있을 만한 일입니다. 당신은 지금 의욕으로 불타오르고 있습니다. 행운을 빕니다.

완드2 TWO OF WANDS

간단 키워드 | 어차피 두 가지를 모두 할 수는 없다, 신중한 결단을 내려야 한다.

당신은 두 가지에 모두 관심을 가지고 있습니다. 둘 중에서 제대로 할 수 있는 것은 하나밖에 없습니다. 하지만 탐나는 건 어쩔 수 없습니다. 인간의 자연스러운 욕망이니까 말입니다. 좀더 당신이 잘할 수 있는 것을 선택하세요. 그것이 현명한 방법입니다.

완드 3 THREE OF WANDS

간단 키워드 | 당신은 결과를 얻을 것이지만, 생각보다 보잘것없는 것일 수 있다.

지나친 기대를 의미합니다. 물론 기대한 것보다 작은 것을 얻게 될 수도 있습니다. 그렇더라도 사실상 작은 것을 얻은 게 아니라, 당신의 기대가 좀 지나쳤던 것입니다.

완드 4 FOUR OF WANDS

간단 키워드 | 집으로 돌아가라, 집에는 당신이 원하는 모든 것이 있다.

당신이 원하는 해답과 결과를 얻기 위해서는 당신의 안식처로 돌아가야 합니다. 어쩌면 당신이 원하는 것은 안식 그 자체일지도 모릅니다.

완드 5 FIVE OF WANDS

간단 키워드 | 어차피 결과를 알고 있는 당신은 그 과정을 밟을 뿐이다.

당신은 이미 결과를 알고 있습니다. 때문에 지금 노력하고 있는 일들이 반복되고 있는 듯하지만, 지루한 시간을 잘 견뎌내고 있습니다. 당신은 잘해나가고 있습니다.

완드 6 SIX OF WANDS

간단 키워드 | 당신은 표면적인 것을 원하는 게 아니지 않는가?

지금은 당신이 원하는 것을 얻을 수 있는 때가 아닙니다. 만약 지금까지의 노력을 멈추고 눈앞의 것을 집어든다면 그땐 당신이 원하던 것이 아니었음을 깨닫게 될 것입니다. 그리고 당신이 원하던 것은 이미 떠나갔음을 알게 될 것입니다.

완드 7 SEVEN OF WANDS

간단 키워드 | 결과는 나쁘지 않지만 과정은 매우 힘들 것이다(힘들기보다는 귀찮을 것이다.).

지금 당신을 괴롭히고 있는 사소한 것들을 의미합니다. 물론 당신은 나름대로 열심히 노력하고 있습니다. 시간이 지나면 주변에서도 당신의 땀과 노력을 이해할 것입니다.

완드 8 EIGHT OF WANDS

간단 키워드 | 알아서 행동하면 그만큼의 대가를 받게 된다.

당신은 '행동적'인 사람이 되어야 합니다. 어느 곳에서건 일을 찾아서 하는 사람은 그만큼의 대가를 받게 됩니다. 하지만 남이 시키는 일만 한다면 남보다 못한 값어치만 하게 됩니다.

완드 9 NINE OF WANDS

간단 키워드 | 잠시 동안 쉬는 편이 좋다, 움직이는 만큼 반대를 받게 된다.

당신이 지금 상황에서 벗어나기 위해서 발버둥치고 있습니다. 하지만 차라리 적절한 때를 기다려야 합니다. 개미 지옥을 알고 있나요? 발버둥치면 칠수록 빠져드는 함정 말입니다. 당신은 지금 그런 곳에 서 있습니다.

완드 10 TEN OF WANDS

간단 키워드 | 끝장이라고 생각할 정도의 힘든 상황, 하지만 최종 결과의 주사위는 당신에게 있다.

당신에게 지금은 매우 힘든 시기입니다. 하지만 모든 일은 조금 벅차 보이지만 당신이 충분히 할 수 있는 일들입니다. 당신이 게을러지거나 포기하지 않는다면 결과가 좋을 것입니다.

완드 소년 PAGE OF WANDS

간단 키워드 | 뉴스를 듣거나 뉴스를 전할 사람을 만나다.

당신을 일상생활에서 벗어나도록 만들 소식이 기다리고 있습니다. 이 소식은 아주 작은 것일 수도 있고, 당신의 인생을 바꿀 커다란 것일 수도 있습니다.

완드 기사 KNIGHT OF WANDS

간단 키워드 | 생각하는 모든 것들을 바꾸어야 할지도 모르는 상황.

당신의 상황이 조금씩 흔들리고 있습니다. 어쩌면 당신은 이직을 하거나, 이사를 가거나, 여행을 떠나야 할 것입니다. 현재의 상황은 일단 당신이 변화를 결심해야만 바뀔 것입니다.

완드 여왕 QUEEN OF WANDS

간단 키워드 | 자신이 능력을 가지고 있기 때문에 스스로 고립되는 것을 원하다.

당신 자신을 지키기 위해 스스로 고독을 택할 수 있습니다. 당신은 자신의 능력을 보존하기 위해 혼자가 되길 원합니다. 당신이라면 혼자서 살아갈 수도 있을 것입니다.

완드 왕 KING OF WANDS

간단 키워드 | 상식적이고 당연하게 행동하라.

상식적이고 당연한 행동을 한다면 당신이 갖고자 했던 것들을 고스란히 가질 수 있습니다. 만약 당신이 조금이라도 지나치게 행동한다면 당신의 경쟁자들이 모든 것을 빼앗아갈 수 있습니다.

▷▷▷ 마이너 아르카나—소드

>>>>소드는 무엇을 의미하는가? 정치, 권력, 착각, 그리고 여러 가지 슬프고 괴로운 사건들.

소드 에이스 ACE OF SWORDS

간단 키워드 | 적을 모두 처치했다면 남은 것은 당신의 승리이다.

지금 존재하는 것은 당신뿐입니다. 당신이 경쟁자를 모두 물리쳤기 때문입니다. 물론 모든 경쟁자를 물리친 승리는 미래의 상황일 수도 있습니다.

소드 2 TWO OF SWORDS

간단 키워드 | 때로는 균형을 지키기 위해 고통을 겪어야 할 때도 있다.

한쪽이 비대하거나 혹은 왜소하다면 균형을 잡는 일은 오히려 쉬울 수 있습니다. 선택도 매우 쉬울 것입니다. 그러나 대부분 선택할 것들은 비슷합니다. 그중 하나를 포기하는 것은 고통일 수 있습니다. 현명하게 한 가지만을 선택하거나, 선택을 미룰 수도 있습니다.

소드 3 THREE OF SWORDS

간단 키워드 | 인간관계에서의 불화와 주변인물과의 단절은 이미 예견된 것이다.

인간은 서로에 대해 잘 알지 못하기 때문에 '예의'와 '규칙'을 통해 그 관계를 아슬아슬하게 연결하고 있습니다. 그 작은 연결고리는 끊어지기 쉽습니다. 때문에 인간관계에서 불화는 쉽게 일어날 수 있는 일입니다. 아주 작은 일이 원인이 되어 서로 싸우게 되고 그 싸움은 이별을 낳습니다.

소드 4 FOUR OF SWORDS

간단 키워드 | 조용히 휴식을 취하기에 좋은 시기다.

다행히도 지금은 당신을 방해하는 것들이 힘을 발휘하지 못할 것입니다. 이때 당신은 휴식을 취해야 합니다.

소드 5 FIVE OF SWORDS

간단 키워드 | 소문과 루머로 인해 당신의 승리 혹은 패배가 결정되다.

만약 당신의 주변에 당신을 시기하고 질투하는 자가 단 한 사람도 없다면 당신의 경쟁자가 패배하게 될 것입니다. 어쩌면 그 반대로 당신이 시기하고 질투하는 사람들 때문에 희생될 수 있습니다. 그것도 '말' 한 마디만으로 말입니다.

소드 6 SIX OF SWORDS

간단 키워드 | 적절한 때에 아주 먼 곳으로 여행하게 되다.

당신은 원하던 먼 곳으로의 여행을 시도하게 될 것입니다. 당신이 원하던 유학(또는 해외 출장)의 시기는 주변상황과 딱 맞아떨어집니다. 금전적으로도 충분한 준비가 되어 있습니다.

소드 7 SEVEN OF SWORDS

간단 키워드 | 가져야 할 이득을 모두 가지지 못하다.

당신이 살짝 한눈판 사이에 당신의 몫이 다른 사람에게 나누어 질 것입니다. 물론 손해는 크지 않습니다. 하지만 이번 일을 교훈으로 삼는다면, 다시는 중요한 일을 앞두고 딴 생각을 하지 않을 것입니다.

소드 8 EIGHT OF SWORDS

간단 키워드 | 애써 외면하던 좋지 못한 소식.

좋지 못한 소식은 피하려고 해서 피할 수 있는 것은 아닙니다. 이 소식이 당신 생활의 모든 것을 뒤흔들어 놓지는 않을 것입니다.

소드 9 NINE OF SWORDS

간단 키워드 | 절망감, 스스로 만든 실패 때문에 죽고 싶은 상황.

때로는 절망적인 상황이 스스로 만든 것임을 알고 괴로워할 때가 있습니다. 하지만 당신이 만든 상황이므로, 견뎌내는 수밖에 없습니다. 빨리 이 시간이 지나가기를 바랄 뿐입니다.

소드 10 TEN OF SWORDS

간단 키워드 | 고통과 슬픔, 하지만 단기적인.

가슴을 찌르는 고통을 말합니다. 주변사람이 떠나가거나 혹은 자신만만하던 일이 실패하는 등의 큰 고통들 말입니다. 하지만 이 모든 것은 짧은 기간 동안 일어날 일입니다. 인내를 가지고 이 기간을 이겨내야 합니다.

소드 소년 PAGE OF SWORDS

간단 키워드 | 작은 권력, 혹은 그것을 얻기 위한 노력.

남들은 사소하다고 생각할지 몰라도 당신은 지금 '그것'을 위해서 열심히 노력하고 있습니다. 당신은 그 위치를 가질 자격이 있으며 그만큼 노력하고 있습니다.

소드 기사 KNIGHT OF SWORDS

간단 키워드 | 손재주만 믿다가는 파멸에 직면할 수 있다.

아직 당신이 가지고 있는 것은 완성된 능력이 아닙니다. 아직 전문가가 되지 못한 채 주변사람들이 떠받든다고 해서 으스대고 노력을 게을리한다면 그 손재주조차 사라질 것입니다. 여기서 손재주란 작은 재능처럼 별것 아니지만, 때론 사람의 이목을 끄는 것이기도 합니다.

소드 여왕 QUEEN OF SWORDS

간단 키워드 | 외로운 여자, 혹은 스스로 외로움을 만드는 여자.

애인이나 친구가 없어서 외로운 여자(혹은 남자)를 말합니다. 하지만 그 원인은 스스로에게 있습니다. 관심이 없기 때문일 수도 있고, 남자(혹은 다른 사람)와 교류를 별로 좋아하지 않기 때문일 수도 있습니다.

소드 왕 KING OF SWORDS

간단 키워드 | 정당한 자신의 권력으로 명령을 하더라도 기준에서 벗어났다면 결과는 좋지 않을 것이다.

리더에게 주어지는 권력은 한 사람을 위한 것은 아닙니다. 모든 사람을 위한 것입니다. 당신이 우두머리라고 하더라도 권리를 침해하면 그 자리에서 밀려나게 될 것입니다.

▷▷▷ 마이너 아르카나 - 펜타클

>>>>펜타클은 무엇을 의미하는가? 재능, 하늘이 주는 행운, 그것을 현실로 만드는 노력.

펜타클 에이스 ACE OF PENTACLES

간단 키워드 | 완벽한 행복.

당신의 마음을 빛나게 하는 것은 '행복'과 '기쁨' 입니다. 당신은 지금 이 행운이 지속되길 바랄 것입니다. 물론 이 '빛' 은 오래 지속될 것입니다.

펜타클 2 TWO OF PENTACLES

간단 키워드 | 현재의 상황은 단기적으로 끝나지는 않을 것이다.

긍정적이든 부정적이든 당분간 변하지 않는 상황입니다. 지루하긴 하지만 상당 기간 동안은 변하지 않을 것입니다.

펜타클 3 THREE OF PENTACLES

간단 키워드 | 재능을 인정받아 맡게 된 명예로운 임무.

당신의 재능을 발휘할 수 있는 기회입니다. 이번 기회를 잘 활용하여 경험을 쌓도록 합시다. 그렇게 한다면 기회는 금방 다시 찾아올 것입니다.

펜타클 4 FOUR OF PENTACLES

간단 키워드 | 물질적인 욕심.

물질적인 욕심을 채우기 위한 노력은 '부' 를 부릅니다. 그러나 지나치면 부 이외에는 아무것도 남지 않게 됩니다.

펜타클 5 FIVE OF PENTACLES

간단 키워드 | 금전적인 문제를 벗어나기 위한 선택.

금전적인 문제가 생긴 원인은 당신을 유혹하는 그 무언가가 있기 때문입니다. 반드시 그 유혹에서 벗어나기 위한 선택이 필요합니다. 당신에게 장애물이 될 수 있는 존재는 잊어버리는 것이 좋습니다.

펜타클 6 SIX OF PENTACLES

간단 키워드 | 베푸는 것도 필요하지만, 그 사람들이 당신에게도 보답하게 하라.

물론 당신은 다른 사람들을 위해 충분히 노력하고 있습니다. 하지만 받는 사람의 입장에서는 갚을 수 없는 친절을 지속적으로 받는 것도 부담스러운 일입니다. 그러니까 가끔은 상대방이 당신에게 작은 친절을 베풀 수 있는 기회를 주는 것이 좋습니다. 그것으로 당신의 친절을 더욱 빛을 발할 것입니다.

펜타클 7 SEVEN OF PENTACLES

간단 키워드 | 결과를 얻거나 남이 얻게 된 결과를 목빠지게 바라보다.

상반된 상황은 항상 공존합니다. 노력한 사람이 당신이라면 당신의 결과를 다른 사람이 바라보게 될 것이고, 그 반대로 다른 사람이 노력하는 것을 구경만 했다면 당신은 남의 결과를 바라만 보는 신세가 될 것입니다.

펜타클 8 EIGHT OF PENTACLES

간단 키워드 | 자신의 일에 대한 책임감.

당신은 가장 중요한 것을 알고 있습니다. 당신에게 맡겨진 일은 끝까지 해야 하는 '의무' 입니다. 때문에 당신은 신뢰받을 것이며, 일이 실패하지도 않을 것입니다.

펜타클 9 NINE OF PENTACLES

간단 키워드 | 결과가 나타날 때까지 그것을 예견하지 않는 성실함.

모든 준비는 완벽했으며 당신은 충분한 노력을 기울였습니다. 축배를 들만도 하지만, 당신은 결과가 나타나는 그 순간까지 쉼없이 노력할 것입니다.

펜타클 10 TEN OF PENTACLES

간단 키워드 | 스스로 선택한 미래의 결과.

당신의 올바른 선택이 가져온 행복한 미래입니다. 그리고 당신이 원하던 모든 성공에 대한 결과로 인해 행복해질 것입니다.

펜타클 소년 PAGE OF PENTACLES

간단 키워드 | 탐구심이 강하다면 당신이 얻게 되는 것은 많을 것이다.

호기심과 그에 걸맞는 행동력이 있다면 당신은 계속 노력할 것이고 얻을 것입니다. 그 노력의 결과가 바로 눈앞에 나타나지 않는다는 점만 기억한다면 말입니다.

펜타클 기사 KNIGHT OF PENTACLES

간단 키워드 | 신용 있고 성실하지만 재빠르지는 않은.

때로는 성실함이 둔함으로 보여지기도 합니다. 하지만 재빠르지 않다면 어느 정도의 손해는 감수해야 합니다. 물론 손해도 보겠지만 성실함을 인정받는 경우도 있을 것입니다. 당신은 다른 사람들에게 믿음을 주고 있습니다.

펜타클 여왕 QUEEN OF PENTACLES

간단 키워드 | 그녀는 좋은 답을 줄 것입니다.

당신이 원하는 올바른 충고를 해줄 좋은 여인입니다. 항상 당신이 잊어버리거나 고려하지 않은 부분을 챙겨 줄 것입니다. 당신을 성공으로 이끄는 조언자인 것입니다. 그것만으로 성공의 가능성은 바로 눈앞에 있습니다.

펜타클 왕 KING OF PENTACLES

간단 키워드 | 분명히 지금 가진 지위는 합당한 것이다.

당신은 적합한 위치에서 재능을 발휘하고 있습니다. 시기하는 사람이 있을지도 모릅니다. 하지만 당신을 도와주는 사람, 당신을 좋아하는 사람이 더 많을 것입니다.

제4장
베이직 웨이트 타로 해석

베이직 웨이트에서는 원칙적으로 정·역 방향을 고려하여 해석하게끔 구성되어 있습니다. 베이직 웨이트의 간단 키워드를 익숙하게 사용할 수 있도록 훈련이 되었다면, 이제 본격적으로 카드를 해석해 보도록 합시다.

I 마법사 THE MAGICIAN

I THE MAGICIAN

그림의 상징들

마법사는 가능성이 있는 젊은이로, 당당한 자세로 정면을 바라보고 있다. 완벽한 능력 또는 완성된 위치가 아니라 발전해가는 상태이기 때문에, 과정에 의해서 결과가 변할 수 있다는 것을 암시하기도 한다. 머리 위에 있는 것은 뫼비우스의 띠다. 이것은 그의 외형적인 젊음과 마찬가지로 무한대의 가능성을 암시한다. 그러나 젊음은 고정된 것이 아니기 때문에 안정적이지 못하고 세상을 모르기 때문에 실수하기 쉽다.

〉〉〉〉정 방향 카드 해석

좋은 두뇌, 손재주, 말재주, 얻는 것보다 잃는 게 많다.

- 머리가 빠르고 재주가 있는 사람.
- 지금 떠오르는 인물이 가진 재주를 활용하라.
- 당신이 홀딱 반할 만한 말재주로 사로잡는 상대방.
- 지금 자신감에 차 있는 것은 매우 좋다.
- 당신이 가진 능력으로 분명히 원하는 결과를 얻다.
- 과정도 무시하면 좋지 못하다.
- 지금 필요한 건 좋은 두뇌와 그것을 행동으로 옮길 수 있는 능력.

한 가지만 갖고 있다면 나머지를 위해 노력하라.

〉〉〉〉역 방향 카드 해석

일을 해결할 능력, 마법사, 심리적인 질병, 루머(소문)로 인한 불명예, 차분하지 못한.

- 지금 상태가 나쁘더라도 해결할 능력이 있다.
- 손재주만을 보여주는 마술사로 끝나지 않는다.
- 단번에 치유되기도 하고 또는 죽을 수도 있는 정신적 질병.
- 거짓 소문이 밝혀지려면 많은 시간이 걸릴 수 있다.
- 마음이 불안하면 실수는 커지니 차분히 행동하라.
- 모든 실수는 터무니없이 행동할 때 시작된다.

Ⅱ THE HIGH PRIESTESS

그림의 상징들

여사제는 종교나 나라마다 다르게 표현되지만, 보편적으로 미지의 신에 대해 기도한다. 뒤에 있는 석류는 풍요로운 생산을 상징한다. 양옆의 신전 기둥은 죽음의 세계와 현실세계의 경계선인 동시에, 대립되는 모든 것의 중립 지대를 의미한다. 'B'는 'Boaz(국가,Establish)'를, 'J'는 'Jachin(권력, Strength)'을, 'Tora'는 유태인의 경전으로 신비주의적인 지식보다는 실생활과 인간관계에 대한 많은 조언을 담고 있다. 초승달은 지나가는 시간을, 보름달은 정확한 '때'를 상징한다. 풍요로움을 등지고 비밀을 지키는 자를 자청하는 그녀는 보이는 만큼 지식을 갖고 있지 않을 수 있다.

〉〉〉〉정 방향 카드 해석

누구나 예상만 하고 실제로는 알 수 없는 비밀, 확실하게 알 수 없는 미래, 비밀을 지킬 만한 사람, 조언을 해줄 만한 여성.

- 중요한 순간에는 당신의 말을 들어주는 조언자.
- 물질적 결과에 대해서는 확실히 알 수 없는 상태.
- 자신의 비밀은 물론 타인의 비밀도 지키는 사람.
- 정신적으로 안정된 여성.
- 물질적 이익을 떠나서 당신을 편안히 해주는 사람.
- 남다른 지혜와 지식을 가진 당신 혹은 그것이 필요한 상황.
- 좀더 생각을 깊게 하는 것이 좋다.

〉〉〉〉역 방향 카드 해석

가슴속에 품고 있는 숨겨진 열정, 육체적인 쾌락, 스스로에 대한 자부심(자부심을 지키기 위해 노력하는 사람), 겉으로 보이는 만큼 지식이 많지는 않은.

- 겉으론 얌전하고 모범적인 사람인데 사생활은 반대.
- 정열은 꼭 멋진 사람에게만 있는 것은 아니다.
- 자신의 직업, 꿈에 대한 열정으로 가득 차 있다.
- 말은 많지만 지식은 별로 없다.
- 정신적인 성숙보다는 물질적인 것에 관심이 많다.
- 목표를 위한 타오르는 열정.

III 여왕 THE EMPRESS

III THE EMPRESS

그림의 상징들

포도가 그려진 옷을 입고 있는 여왕이 추수를 앞둔 들판 앞에 있는 것은 물질적인 풍요가 금방 끝나지 않을 것임을 암시한다. 여왕은 사계절을 상징하는 상록수와 활엽수를 키우고 감독한다. 그녀는 이미 가지고 있지만 앞으로의 미래를 위해 지속적으로 주변을 살펴야 하는 인물이다. 그녀는 풍요롭게 반짝이는 들판이 아니라 더 먼 곳을 바라보고 있다. 때문에 그 풍요로움이 겉 모습뿐인지는 알 수 없다. 그녀가 가진 왕관은 다가올 기쁨의 원천이다. 그것은 그녀 자신일 수 도 있지만, 앞으로 탄생할 그녀의 아이일 수도 있다.

〉〉〉〉정 방향 카드 해석

결과, 시의적절한 행동, 일정한 기간, 보고도 못 본 척하다.

· 질문에 대한 답이라면 '결과'.

· 무언가 행동하기 전이라면 '행동하라'.

· 시기를 기다리고 있다면 '딱 맞는 때'.

· 망설이고 있다면 '준비하라'.

· 비리나 비밀을 보았다면 '못 본 척하라'.

· 임신, 출산, 취직 등의 좋은 소식을 듣게 되다.

〉〉〉〉역 방향 카드 해석

해결의 실마리, 문제가 해결되다, 대중의 기쁨, 우유부단한.

· 생각지도 못했던 도움을 받다.

· 문제를 해결할 실마리를 얻다.

· 선택을 망설이다.

· 인기를 얻다.

· 지금의 부를 즐기는 것이 좋다.

Ⅳ THE EMPEROR

그림의 상징들

험한 산을 누비며 살아가는 숫양 네 마리는 금전적 능력, 조언자, 행운, 부하를 말한다. 로브 안으로 감춰진 갑옷은 그가 자신의 지위를 지켜내기 위해 언제라도 전쟁에 뛰어들 준비가 되어 있음을 의미한다. 루비와 에메랄드가 장식된 왕관을 쓴 그는 최고신의 지위를 가지고 있지만, 권력을 잘못 사용했을 때는 언제나 그에 합당하는 벌을 받았다. 대개 왕은 항상 '신의 축복'을 상징하는 장식물을 갖추지만, 여기서는 이교도를 상징하는 앙크만을 들고 있을 뿐이다. 붉은 망토는 권력의 상징이지만, 항상 지지를 얻기 위한 노력을 게을리해서는 안 된다.

>>>>정 방향 카드 해석

굳건한, 안정적인, 합당한 지위와 권력, 가진 것을 보호하다, 대중에게 지지를 얻고 있는 사람, 긍정의 대답(Yes).

- 굳건하고 안정적인 배경.
- 당신에게 잘 맞는 지위와 적합한 권력.
- 당신의 가족과 기쁨을 지켜라.
- 당신의 기쁨을 위해 타인을 희생하지 말라.
- 당신은 인기 있는 사람.
- 질문에 대한 답이라면 'Yes'.

>>>>역 방향 카드 해석

사람을 보는 판단에서의 실수, 성장에 방해가 되는 주변인물, 불쌍함과 무능함을 구분하지 못하다, 남을 불쌍하게 여기다.

- 화려한 겉모습만을 보고 사람을 판단하지 말라.
- 당신을 붙들고 일하지 못하게 하는 가족이나 애인.
- 실패한 이가 의지가 없는지 자격이 없는지 판단하라.
- 불쌍한 사람을 도와줄 줄 알아야 한다.
- 판단은 두 번 세 번 다시 생각하라.
- 상황이 지겹더라도 쉽사리 결정하지 말라.

V THE HIEROPHANT

그림의 상징들

교황이 머리에 쓴 관은 삼위일체를, 손에 든 것은 십자가를 상징한다. 그는 결혼의 증인이며 신의 대리인으로 당신의 죄가 사해졌음을 말한다. 앞의 열쇠 두 개는 실용적인 지혜와 신이 내린 지혜를, 그의 앞에서 장미와 백합이 그려진 옷을 입고 있는 인물들은 순결과 순종을 상징한다. 기둥이 두 개인 이유는 빛과 어둠, 선과 악, 남자와 여자의 대비되는 모든 것들을 상징한다. 교황은 판단하지 않기 때문이다. 교황의 푸른색 옷은 신의 지혜, 붉은 겉옷은 인간이 그에게 준 권위를 상징한다. 흑과 백이 교차된 띠가 있는 바닥은 원래 혼례를 위한 것이었다.

〉〉〉〉정 방향 카드 해석

결혼 프로포즈에 승낙을 받다, 서로에게 평생 함께할 것을 맹서하다, 계약에 의해 종속되다, 친절하고 자비로운 성격.

· 당신이 원하던 상대에게서 결혼 승낙을 받다.
· 결혼식 날짜가 정해지다.
· 계약을 맺다.
· 항상 친절하고 자비로운 사람이 되도록 노력하라.
· 계약관계는 깨어지기 쉬운 것이다. 항상 주의하라.
· 당신은 튼튼한 바닥 위에 서 있다.

〉〉〉〉역 방향 카드 해석

상류사회, 언어능력이 뛰어나 이해가 빠르다, 의견의 일치, 가식적이고 자연스럽지 못한 친절함, 결정을 내릴 수 없이 마음이 나약하다.

· 화려함과 사치가 가득한 사람들.
· 지식이 많아 말이 잘 통하는 사람들.
· 친절하긴 하지만 왠지 두려움이 느껴지다.
· 현재 상태에서 벗어나기를 거부하다.
· 당신은 결정하지 못할 정도로 게으르고 못난 사람.
· 당신은 게으르긴 하지만 능력 있는 사람이다.

VI THE LOVERS

그림의 상징들

여자의 등 뒤에 있는 것은 에덴동산에서 그녀를 유혹했던 뱀과 진실의 나무, 남자의 등 뒤에 있는 것은 사막에서 타올랐던 하나님의 음성이다. 그들을 내려다보고 있는 것은 신의 사자이다. 천사를 보며 여자는 뱀의 유혹에 따를 것인가 말 것인가를, 남자는 여자에게 신이 내린 규칙을 지켜야 한다고 말한다. 이들은 아직 에덴동산에서 떠난 상태는 아니지만 그녀가 뱀에게 넘어간다면 바깥으로 쫓겨나 고통을 겪을 것이다. 천사의 날개로 인간에게 축복과 저주를 동시에 전한다. 그들은 그래서 '사랑'이라는 긍정적인 카드로 해석될 수도 '유혹'이라는 부정적인 카드로 해석될 수도 있다. 옷을 입고 있지 않으므로 선악과를 먹기 직전이다. 아직 유혹에 빠지지 않았다.

〉〉〉〉정 방향 카드 해석

유혹에 빠지다, 사랑에 빠지다, 아름다움에 현혹되다, 아름다운 사람, 여론에 힘입어 승리하다(선거 혹은 재판에서 승리하다.).

· 사랑에 빠지다.

· 유혹에 빠져 흔들리다.

· 아름다운 사람과 만나다.

· 주변사람들의 도움으로 재판에서 승리하다.

· 당신의 사랑은 승리할 것이다.

· 기쁨을 즐기다.

〉〉〉〉역 방향 카드 해석

부적절한 계획으로 인해 실패하다, 원인이 자신에게 있는 창피한 손실.

· 준비가 덜 되었다면 당연히 실패할 것이다.

· 당신의 실수로 창피를 당하다.

· 손실을 입고 패배하다.

· 거짓된 사랑으로 상처입고 슬퍼하다.

· 계획을 중요시 여기지 않으면 실패할 것이다.

· 미치도록 괴로운 모든 원인이 당신에게 있다.

VII THE CHARIOT

그림의 상징들

양쪽 어깨의 초승달과 얼굴 모양의 장식물은 앞으로 겪어야 할 선택의 이중성들을 보여준다. 머리 위의 8방향의 별은 승계받은 권력을 상징하는 태양이다. 그는 등 뒤를 보지 않기 때문에 추억을 회상하지 않는다. 그는 달리고 있지는 않지만 앞으로 나아갈 것이다. 그의 푸른 옷은 권력을, 전차 위에 내려놓은 손은 그의 의지와 상관없이 주어진 것들을, 뒤에 서로 다른 2개의 도시는 대립되는 전쟁상황을, 휘장에 그려진 별들은 겪어야 할 모든 사건들을 상징한다. 크고 작은 별은 인생에서 일어나는 사건들이 똑같이 기억되지 않을 것임을, 노랑색의 배경은 긍정의 의미이다.

〉〉〉〉정 방향 카드 해석

모든 것은 신의 의지대로, 모든 것은 자연의 섭리대로, 전쟁이 시작되다, 경쟁에서 승리를 획득하다, 이익을 예상하다, 당한 만큼 갚다(내가 행동한 만큼 당하다.).

· 당신이 신을 믿는다면 성공할 것이다.
· 모든 것이 당신에게 유리하게 작용하지는 않는다.
· 뿌린 대로 거두다.
· 당신의 질문에 대한 답이라면 '승리하다'.
· 생각했던 사업을 선택하면 성공할 것이다.
· 경쟁자를 이길 수 있을 때 승리를 쟁취하라.

〉〉〉〉역 방향 카드 해석

결정권을 상실할 만큼의 커다란 폭동(하극상), 양보 없는 다툼, 결론 없는 논쟁, 모든 사람이 등을 돌려 어쩔 수 없이 법적인 문제에서 패배하다.

· 당신을 보조하는 사람들이 일하길 거부하다(파업).
· 거짓 증거와 증인이 채택되어 법적인 문제에서 패배하다.
· 끝나지 않는 논쟁으로 인해 피곤함을 느끼다.
· 옹호자가 없다면 싸움은 종료하는 것이 좋다.
· 양쪽 다 잘못한 일이라면 어차피 승자도 없다.
· 이번 결과는 당신의 생각과는 좀 다를 것이다.

VIII JUSTICE

그림의 상징들

이 카드는 전통적인 법의 이미지를 형상화했다. 그 또는 그녀(일반적으로 그녀)는 한발을 앞으로 내밀고 칼을 사용할 준비를 마친 상태이다. 판결은 그리 멀지 않다. 그리고 판결은 전통적인 규칙을 바탕으로 한 것이어서 어느 누구도 벗어날 수 없다. 오른손에 든 칼은 그녀의 집행력을, 천칭은 판단력을 상징한다. 자줏빛 휘장은 법의 권위와 무게를, 녹색 휘장은 변화의 시기를, 붉은 법의는 그 권위를 잘 포용하고 있음을 말한다. 이 판결로 인해 많은 것이 변할 것이다. 기둥엔 장식도 표식도 색깔도 없는데, 이처럼 선택이란 어차피 비슷한 것이다.

>>>>정 방향 카드 해석

공정함, 올바름, 정식, 모든 문제에 있어서 법적으로 판단해야 하는 상황. 때로는 법적인 문제에 놓일 수 있는 상황.

· 정확하게 판단하고 결정하라.

· 모든 것은 법적으로 판단하는 것이 좋다.

· 관습법은 오랜 기간 동안 여러 사람에 의해 결정된 것.

· 당신은 상식적으로 행동하고 있지 않다.

· 상식은 보편적인 것이며 주관적이지 않다.

· 절차를 지키면 문제는 생기지 않는다.

· 감정보다 이성을 중요시하라.

>>>>역 방향 카드 해석

어떤 장소에서건 그곳의 법률을 따라야 한다. 스스로 정한 규칙을 바꾸려고 하지 않는다. 지식이 없는 판단, 마음이 여유롭지 못하다.

· 법률은 모든 곳에서 동일하지 않다.

· 당신의 고집을 버리지 않는 한 실패할 것이다.

· 판단을 위해서 사전정보를 수집하라.

· 당신의 육감은 틀리는 경우가 더 많다.

· 숨을 돌리고 천천히 생각하라.

· 판단력이 흐려지면 같은 실수를 반복한다.

· 틀리는 건 부끄러운 것이 아니다.

힘(STRENGTH)과 정의(JUSTICE)는 타로카드 중 유일하게 서로 번호를 교차해 사용하는 카드입니다. 제작자의 성향에 따라 클래식을 기준으로 하는 경우는 '정의'를 8번에 '힘'을 11번에 사용하고 모던을 기준으로 하는 경우에는 '힘'을 8번에 '정의'를 11번에 배치합니다.

IX THE HERMIT

그림의 상징들

이 카드는 세상에서 벗어나 있는 은둔자를 표현하고 있다. 그리고 '별'로 형상화된 등잔을 들고 있는 것은 지혜로운 자임을 말한다. 시간을 통해 연륜을 익혀 왔던 그는 옷으로 온몸을 감싸고 있다. 세상에 드러나고 싶어하지 않는, 혹은 세상에 드러나서는 안 되는 일들을 상징한다. 또한 '침묵의 잠'을 통해 사람을 이상적으로 만들기도 하지만 바보로 만들기도 한다. 지팡이를 발보다 앞서 놓았지만 손은 멈춰 있는 것으로 보아 앞으로 나아갈 생각이 아직 없다. 눈을 감고 있는 그에겐 이 빛이 '자신이 아닌 타인을 위한 것', 아니면 '외면당함'을 의미한다.

〉〉〉〉정 방향 카드 해석

조직에서 밀려나다, 주변사람에 의해 손실을 겪다, 대중에 의해서 희생양으로 선택되다, 사기 당하다.

- 자신의 친구들과 주변사람들로부터 외면 당하다.
- 친인척으로부터 사기를 당하거나 피해를 입다.
- 소문이나 루머로 인해 대중으로부터 미움을 받다.
- 사람에게 싫증을 느껴 시골이나 산속으로 피하다.
- 사회에 잘 적응하지 못하는 사람.
- 정의를 가르칠 필요성을 느끼지 못하고 침묵하다.

〉〉〉〉역 방향 카드 해석

숨겨진 음모, 겉모습과는 다른 사람들, 긴장감을 늦추어서는 안 되는 상황, 이유를 알 수 없는 경고.

- 잘 알려지지 않은 것에 대해 무지함을 이용하다.
- 금전적인 면은 절대로 긴장감을 놓아서는 안 된다.
- 불길한 예감을 받았지만 그 이유를 알 수 없다.
- 그의 됨됨이를 보지 못한다면 가까이 하지 말라.
- 숨겨진 비밀은 의외로 잘 들통나는 법이다.
- 비밀을 알고 있다면 머릿속에서 지워라.
- 비밀을 지키는 지름길은 아예 잊어버리는 것.

X WHEEL OF FORTUNE

그림의 상징들

운명의 수레바퀴는 회전하는 운명과 동시에 금전을 상징한다. 판단을 좋아하는 바퀴 위의 스핑크스는 아직 기회를 얻지 못했다. 카드에 그려진 네 가지는 타로 그 자체이다. 운명의 기회는 때가 되어야 주어지듯이, 이 카드에서 노력하는 자는 찾을 수 없다. 성실성, 위엄성, 천성적으로 아름다운 마음, 강건한 정신은 성경을 쓴 네 명의 집필자를 말한다. 회전하는 바퀴의 스핑크스, 아누비스, 뱀은 삶의 걸림돌이 되는 탐욕, 지식, 본능이다. 구름 위에 상징물이 그려진 것은 '아직은 결정되지 않은 인생의 모호함'을 보여준다.

〉〉〉〉정 방향 카드 해석

운명적인 성공, 운명적인 행운, 완벽하다고 생각될 만큼의 행복.

· 행운의 별은 당신 머리 위에 있다.
· 당신은 완벽한 행복을 맛보고 있다.
· 이전에도 미래에도 당신은 행복할 것이다.
· 무언가 시작하고 싶다면 지금이 그때이다.
· 당신을 보호하고 있는 행운을 마음껏 누려라.
· 긍정적인 질문에 대한 답이라면 'YES.'

〉〉〉〉역 방향 카드 해석

금전 보유량의 증가, 마음의 풍요, 여유 있는 마음, 여유 있는 금전상태.

· 저축이 증가하다.
· 마음이 풍족하여 오히려 소비가 줄어든다.
· 번 것보다 적게 쓴다면 항상 여유롭게 살 수 있다.
· 미래를 생각한다면 저축을 당연하게 여길 것이다.
· 당신의 저축이 늘어날수록 기쁨도 늘어날 것이다.
· 좀 지루하더라도 일상적인 행복은 좋은 것이다.

XI STRENGTH

그림의 상징들

이 여인은 강한 사자를 부드럽게 어르고 있다. 바로 변함없이 무한하고 강한 힘을 상징한다. 꼬리를 내린 사자는 순종하고 있지만, 그녀가 사자에게 힘을 가하려 한다면 바로 타격을 가할 것이다. 이 카드는 여왕 카드의 또 다른 모습으로서, 대지의 모든 것을 푸르게 성장시킴을 의미한다. 부드러운 손짓은 스스로 힘을 다룰 줄 아는 능력을 상징한다. 사자의 힘은 산과 들과 강을 만들고 있다. 황색의 배경은 긍정의 의미를 띤다. 문제는 이 힘을 어떻게 쓰느냐이다. 뫼비우스의 띠는 그녀의 힘이 무한함을 보여주고 있다. 하지만 시간이 지나면 그 힘의 균형을 잃을지도 모른다. 균형이 깨지면 힘도 잃게 될 것이다.

〉〉〉〉정 방향 카드 해석

강한 힘, 끝나지 않는 에너지, 빠른 행동, 뒤로 물러서지 않는 용기, 정직함이 바탕이 되는 고결함.

· 당신에게 있는 강한 힘은 용기이다.
· 빠른 결단력은 당신의 정신적인 힘에서 나온다.
· 때에 따라 물러서고 나설 줄 아는 지혜로운 사람.
· 정직한 사람은 물러서지 않는 용기를 가지고 있다.
· 끊임없이 일하고 노력하는 에너지는 당신의 장점.
· 당신은 승리할 것이고 행운을 지속시킬 것이다.

〉〉〉〉역 방향 카드 해석

권력의 힘에 빠져 독재적인, 겉보기와는 달리 마음이 나약함, 권력을 가진 자로 인해 일어나는 분열과 내분.

· 힘만 가진 사람이라면 불행한 것이다.
· 지위와 권력의 남용은 나약함을 감추기 위한 행동.
· 지위는 타인을 평화롭게 유지시키는 힘이다.
· 지위를 남용하면 전쟁과 다툼이 일어난다.
· 지금 이간질을 하고 있거나 이간질을 당하고 있다.
· 내분의 원인은 리더의 행동 또는 아름다움에 있다.
· 겉으론 건장하고 힘있어 보여도 속은 소심한 사람.

힘(STRENGTH)과 정의(JUSTICE)는 타로카드 중 유일하게 서로 번호를 교차해 사용하는 카드입니다. 제작자의 성향에 따라 클래식을 기준으로 하는 경우는 '정의'를 8번에 '힘'을 11번에 사용하고 모던을 기준으로 하는 경우에는 '힘'을 8번에 '정의'를 11번에 배치합니다.

XⅡ 매달린 남자 THE HANGED MAN

XⅡ THE HANGED MAN

그림의 상징들

이 카드는 다리 모양이 4자를 만들고 있다고 하여 죽음이나 그와 비슷한 고통, 더 나아가 신에 대한 충정을 맹세하며 스스로 거꾸로 매달렸던 베드로를 상징한다. 이 모든 것은 스스로 희생함으로써 영혼의 자유와 성숙을 상징할 수 있다. 그가 매달린 형틀은 만들어진 것이 아니다. 자라고 있으며 잎은 푸르다. 인간의 생명을 구하기 위한 희생을 나타낸다. 푸른 옷은 지혜와 지식을 상징하지만, 붉은 타이즈는 경험을 통한 새로운 삶을 의미한다. 벗지 않은 신발, 빛나는 머리, 그리 튼실해 보이지 않는 고리, 머지않아 그는 자신의 힘만으로 고리를 끊어 능력을 발휘하게 될 것이다.

>>>>정 방향 카드 해석

분별력 있는 지혜의 사용, 말을 아끼는 사람, 재판관, 희생양, 때로는 대신 희생되다. 현재의 상황을 미리 예견하다.

- 올바른 판단이라고 해도 때에 따라서는 침묵해야 한다.
- 당신의 판단이 옳다면 결과는 예상대로 바뀐다.
- 옳다고 해도 대중에게 인정받지 않을 때도 있다.
- 예상대로 좋지 못한 시기가 도래하다.
- 당신의 지혜를 따른다면 어떤 상황에서건 손해보지 않는다.
- 지금은 당신이 활약할 시기가 아닐 수 있다.

>>>>역 방향 카드 해석

타인을 생각하지 않는, 현재 상황과는 상관없는 주변사람들, 머리만 굴리는.

- 당신은 자신만을 생각하며 침묵하고 있다.
- 무슨 일이건 제3자가 가장 시끄럽기 마련이다.
- 일 안 하는 게으름뱅이가 상상력은 뛰어나다.
- 생각만 한다고 결과가 나타나는 것은 아니다.
- 때로는 자신이 행동해야 할 때도 있다.
- 주변에서 당신을 원하지 않는다면 떠나라.

XⅢ DEATH

그림의 상징들

이 카드는 중세의 몇 가지 상황을 보여준다. 죽음의 기사가 들고 있는 깃발의 그림은 백합과 흰 장미를 결합한 것으로 십자군 원정대를, 해골은 그들의 수많은 희생을 보여준다. 이 카드는 파괴적인 결말과 동시에 새로운 희망이 떠오르고 있음을 상징하는 것으로 유명하다. 해골의 기사는 '죽음의 신'을 상징하기도 하고, 때로는 '삶의 투쟁'을 상징하기도 한다. 그는 '자신의 삶을 위한 투쟁'을 계속하고 있다. 그 죽음의 기사에게도 '삶'이란 존재하는 것이다. 검은 갑옷은 그가 '투쟁' 해왔던 시간을 보여준다. 버려진 왕관은 '누구에게나 죽음은 찾아온다는 것'을, 그를 가로막은 교황은 '신의 축복으로 죽음에서 해방된 인간'을 상징한다. 어린아이는 '살아온 추억의 흔적'이다. 죽음이 지나가고 남는 것은 '새로운 생명'이다. 이 아이는 '변화할 미래'를 상징한다.

일에 결말을 짓다, 끝장나다, 고통의 시간이 지나고 새로운 시간이 시작되다, 파괴되다
(내가 혹은 상대방이), 파멸되다(내가 혹은 상대방이).

· 단칼에 끝내다.

· 파괴적인 결말을 보다.

· 불임에서 벗어나 아이의 탄생을 기다리다.

· 스스로가 파괴당하다.

· 남은 것은 하나도 없이 끝나다.

· 일의 진행이 멈추다.

· 어떤 질문이건 '끝'이라는 대답.

>>>>역 방향 카드 해석

진행이 보이지 않는, 움직이는 것을 좋아하지 않는, 아무 생각이 없는.

· 생각 없이 끝나다.

· 생각 없는 사람들.

· 지루하고 끝이 안 보이는 나날들.

· 나무늘보처럼 주저앉아 움직이지 않다.

· 매일매일이 지루하고 변함이 없다.

· 타인을 고려하지 않는 사람(혹은 사람들)에게 당하다.

ⅩⅣ TEMPERANCE

그림의 상징들

이 카드는 선과 악을 모르는 천사를 보여준다. 컵과 컵 사이의 물은 한 방울도 바깥으로 흐르지 않는다. 이 그림은 상징으로서의 대칭관계를 많이 드러낸다. 천사의 머리 주위로 빛나는 후광과 저 산 위로 떠오르는 왕관 모양의 빛무리, 두 개의 컵, 산과 들, 물 속의 발과 물 밖의 발. 이 카드는 모든 것이 조화를 이룰 때 빛나게 될 것임을 상징한다. 그의 붉은 날개는 '불처럼 분명한 신의 의지'를, 그의 금빛 머릿결은 진실의 빛을, 그가 발은 담근 물이 맑은 것은 '추구해야 하는 것', 물 속에 물고기가 살지 않는 것은 '순결한 마음'을, 햇살이 만드는 왕관 모양의 빛은 '세상을 고루 살피는 신의 빛'이다. 그는 아직 정해지지 않은 모든 결과를 상징한다. 절제는 중용을 상징하기 때문에 '긍정'도 '부정'도 아니다.

〉〉〉〉정 방향 카드 해석

물질적인 면에서의 중용은 수요와 공급을 맞추는 것이다. '욕구'를 절제할 때 자신이 가진 물질적인 것들을 지킬 수 있게 된다.

- 다이어트의 기본은 딱 한 숟가락씩 덜 먹는 것이다.
- 월급이 100만원이라면 지출이 70만원을 넘어서는 안 된다.
- 당신이 수입 모두를 저축한다고 해도 당신은 지칠 것이다.
- 상대방이 열 마디로 말했다면 대답은 두 마디면 충분하다.
- 타인에 대해 판단하고 싶다면 겉으로 드러내지 말라.
- 한쪽 편을 들어야 할 일이 생긴다면 그 자리를 피하라.

〉〉〉〉역 방향 카드 해석

종교와 연관된 사람들과 그 밖의 모든 것들, 일반적인 질문의 경우 정신적인 불안과 병적으로 신경질적인 상태.

- 신에게 모든 것을 위탁하다.
- 안절부절 못하고 주변사람을 괴롭히다.
- 정신병적인 행동, 피해망상증.
- 편파적인 말과 행동으로 주위사람들에게 피해를 입히다.
- 지나치게 피곤한 상태, 편안히 쉬도록 하자.

ⅩⅤ THE DEVIL

그림의 상징들

이 카드는 매우 극단적인 두 타입의 사람들을 상징한다. 의지력이 강해 다른 사람의 것까지 빼앗으려는 악마같은 사람과 빼앗기는지 아닌지도 모른 채 살아가는 무기력한 사람들. 악마의 쇠사슬에 목이 묶여 있는 사람들은 자신들이 묶여 있다는 사실도 깨닫지 못하고 있다. 악마는 그 두 사람의 모든 것을 빼앗으려고 준비하고 있다. 악마의 손은 교황의 손과 달리 신을 부르지 않는다. 악마의 살빛이 검고 희생자들의 살빛이 흰 것은 당시에도 존재했던 인종차별을 보여준다. 그들은 악마가 '흑인'을 만들었다고 생각했다. 악마에게 '숫양의 뿔'을 달아놓은 것은 그가 '희생제물의 양'이 아닌 '희생될 수 없는 양'임을 보여주고 있다. 사람들의 머리에 달고 있는 뿔은 '인간의 마음속에 있는 악의 본성'은 물론 '악에 쉽게 동화되는 인간'을 상징한다.

〉〉〉〉정 방향 카드 해석

남의 것을 빼앗다(혹은 빼앗기다), 폭력적인 성향을 주변 사람들에게 보이다(혹은 주변사람들이 폭력적인 성향을 보이다), 악마적일 정도로 천재적인 사람, 일반적이지 않은 방법으로 부와 명예를 얻다, 운명적인 재난을 당하다.

· 모든 것을 포기하고 싶을 만큼 많은 것을 빼앗기다.
· 상대방이 완전히 주저앉고 싶을 만큼 많은 것을 빼앗다.
· 주변인물의 폭력적인 성향을 목격하다.
· 폭력적인 행동과 말과 행동.
· 천재적이지만 평범하지 못한 사람.
· 피할 수 없는 재난도 있다는 것을 기억하라.

〉〉〉〉역 방향 카드 해석

타인에 의해 결정권을 상실하다, 생각 없이 살아가다.

· 상사에 의해 결정권을 상실하고 명령대로 살아가다.
· 목표도 꿈도 없이 주변사람의 말대로 살아가다.
· 잃을 것도 얻을 것도 없이 살아가다.
· 상황에 의해 주저앉게 되다.
· 절망으로 인해 의지(의식)를 잃다.
· 큰 빚을 지고 매일 매일을 살아가다.

ⅩⅥ THE TOWER

그림의 상징들

이 카드는 나락으로 떨어지는 인간의 마음을 보여주고 있다. 그들이 가졌던 왕관은 무너지고 그들이 세웠던 모든 것도 무너져 내리고 있다. 희망은 아직 보이지 않는다. 이것은 인간들에게 만 주어지는 재난이다. 인간이 가진 '교만', '지나친 물욕', '권력에 대한 욕구' 때문에 주어지 는 재난이기 때문이다. 이 카드는 겸손한 사람들에게는 나타나지 않는다. 나락으로 떨어지는 고 통은 '자신을 모르는 교만'에서 시작되기 때문이다. 원래 이 카드의 원전은 성경 속에 나오는 전설의 탑이라고 한다. 하늘까지 닿는 탑을 쌓을 수 있다고 믿었던 교만한 인간들의 행동에 화 를 낸 신이 탑을 무너뜨리고 사람들의 언어를 모두 다르게 해 놓았다는 이야기이다. 때문에 이 카드는 '재난'을 상징하지만 '이유 있는 재난'이기 때문에 피할 수 있는 정도의 재난을 상징한다.

〉〉〉〉정 방향 카드 해석

헤어날 수 없을 정도로 금전적으로 바닥의 상태에 놓이다, 사랑을 잃고 고뇌하다, 회사의 동료나 상관에게 자신의 프로젝트를 빼앗기다, 정리해고의 공포에 시달리다, 루머에 시달리다.

· 파산 선고.
· 실연 통보.
· 저작권을 빼앗기거나 프로젝트를 빼앗기다.
· 사기를 당하다.
· 정리해고를 통보 받다.
· 자동차 사고로 인해 손해를 보다.

〉〉〉〉역 방향 카드 해석

정 방향에서 말하고 있는 것, 덤으로 상관에게 시달리다, 상관에게서 폭력적인 언사를 당하다, 자존심에 상처를 입다.

· 자존심에 상처를 입고 고통당하다.
· 주식투자로 인해 큰 손해를 입다.
· 현재 상태에선 어떤 것이건 불가능하다.
· 끝나지 않을 것 같은 잔소리에 시달리다.
· 폭행 당하다.
· 인간적인 모욕을 당하다.

XVII THE STAR

그림의 상징들

이 카드에는 커다란 별 하나 그리고 희망을 상징하는 7개의 별이 빛나고 있다. 하지만 그림 속의 그녀는 별은 보지 않고 물을 바닥에 쏟는 데 열중하고 있다. 이 카드는 '자신의 것을 알지 못하는' 사람의 무지를 보여주고 있다. 또한 나무 위의 새처럼 사람을 일깨워주는 많은 것들을 보여준다. 이 카드는 절제 카드와 세트로 구성된 카드로 유명하며, '절제'와는 다른 각도에서 '정화', '인내'를 상징하는 호수 곁에 있다. 물을 담고 버리는 행위는 '감정'을 조절하는 행위라고 알려져 있다. 이 카드는 '감정적으로 격앙된 상태에 찬물을 끼얹는 냉정한 이성'의 필요성을 말한다. 당신에게 충분한 것은 '감성', 당신에게 부족한 것은 '이성'이다.

)>>>정 방향 카드 해석

이상을 추구하다가 해야 할 일을 잊어버리다. 남의 것을 빼앗아 내 것으로 만들다. 상대방이 싫증나서 버리거나 유행이 지났다고 버리다. 백일몽, 때로는 현실이 되기도 하는 작은 꿈들.

· 꿈만 꾼다고 해서 이루어지는 일은 없다.
· 타인의 것을 약탈하다.
· 연애상대를 바꾸거나, 혹은 유행이 지났다고 소중한 물건을 버리다.
· 상상했던 것이 이루어지다.
· 큰 손실이 있고 나서 약간의 소득을 얻다.
· 다른 사람의 도움으로 파산에서 벗어나다.

)>>>역 방향 카드 해석

자신의 능력보다 과장해서 떠벌리다.

· 해낼 수 없는 일을 해낼 수 있다고 믿다.
· 가짜 보석을 진짜라고 믿게 하다.
· 타인에게 사기를 치다.
· 거짓말로 돈을 뜯어내다.
· 자신의 능력을 과대 포장하다.
· 모든 일을 말로만 해내다.

XVIII THE MOON

그림의 상징들

이 카드는 변화가 계속 일어나는 안정되지 못한 달을 가장 중앙에 배치함으로써 주기적으로 변화하는 모든 것들을 상징한다. 그리고 하단의 두 마리의 동물은 미약한 자극, 별것 아닌 사건들을 상징하게 된다. 이 카드는 '여성'과 '남성'의 두 가지 특징을 모두 가진 카드이다. 두 개의 탑에는 장식도 없고 색깔도 같다. 이것은 달 카드가 가진 이중성을 드러내는 상징이다. 탑은 예로부터 '남성'을 나타내는 상징이지만 '여성'을 나타내는 상징이기도 하다. 이 두 개의 상징이 있는 것은 남성과 여성의 '공존'을 보여준다. 이 카드는 원래 애정운을 볼때 많이 나타나는 카드인데 '사랑'이라는 것이 영원하기 힘들기 때문인지 모른다. 이 카드를 해석할 때는 '상황'이나 '환경'의 변화를 가장 기본에 두고 해석해야 한다.

〉〉〉〉정 방향 카드 해석

의외의 적, 프로젝트를 위협하는 모든 위험들, 악의적인 소문, 잘못된 선택.

- 생각지도 않던 사람이 적이 되다.
- 상황이 지속적으로 바뀌어 결과를 알 수 없게 되다.
- 전위를 알 수 없는 소문들이 상처를 주다.
- 선택의 실수로 인해 많은 것을 잃을지도 모른다.
- 상황은 계속 변하겠지만 결과가 나쁠 가능성이 높다.
- 당신을 귀찮게 하거나 괴롭히는 모든 것들.

〉〉〉〉역 방향 카드 해석

불안정한, 겪고 나면 별것 아니라고 생각될 만한 작은 손실과 사건.

- 임시직.
- 이유를 알 수 없는 불안한 예감.
- 소매치기를 당하거나 타박상을 입는 등의 작은 사건
- 감원의 위기에 놓이다.
- 작은 손실들이 계속되어 안정적인 생활이 힘들어지다.
- 집중력이 약화되어 자꾸 실수를 하다.

XⅨ THE SUN

그림의 상징들

이 카드는 어떤 방향으로 놓이건 긍정적으로만 해석되는 몇 안 되는 카드 중 하나이다. 방사형
으로 뻗어가는 햇빛은 당분간 햇살이 지속될 것임을, 어린아이는 당신에게 다가올 풍요들을, 해
바라기는 당신의 희망들을 상징한다. 어린아이가 들고 있는 휘장은 붉은색이다. 이것은 당신이
얻게 될 지위들을 상징한다. 이 아이는 당신이 원하던 결과일 수도 있다. 어떤 것이건 이 카드
는 '긍정적'이다. 커다란 태양이 당신을 바라보고 있기 때문이다. 튼튼한 벽돌담은 당신이 가지
고 있는 모든 것을 보호하고 있다. 지금은 그 누구도 침범할 수 없을 정도로 안전하다. 이 카드
가 당신의 현재 위치에 그리고 미래 위치에 나와 있을 때 충분히 즐기고 노력하라. 태양이 저편
으로 지지 않도록.

〉〉〉정 방향 카드 해석

물질적인 행복, 숙명적인 결혼, 만족.

- 피는 물보다 진하고 운명보다 강하다.
- 금전적으로 무엇과도 바꿀 수 없을 만큼 행복을 누리다.
- 한눈에 반한 상대와 결혼하다.
- 사전적인 행복.
- 어떤 질문에 관한 대답이든 'Yes'.
- 만족할 만한 결과를 얻다.

〉〉〉역 방향 카드 해석

완벽하지는 않지만 적당히 행복한, 약간 부족한 듯한 성공.

- 가끔 손해도 보지만 남에게 돈을 빌리지 않아도 좋을 정도의 여유.
- 꼭 일등을 하지는 않지만 대학에는 갈 수 있는 성적.
- 승진은 못하더라도 대인 관계는 원만한 직장생활.
- 아이는 없지만 화목한 부부.
- 뛰어나지는 않지만 성실하고 노력하는 부부.
- 사소한 일에 행복을 느끼며 살아가다.

X X JUDGEMENT

그림의 상징들

이 카드는 최후의 심판을 그림으로 표현한 것이다. 무덤의 뚜껑이 열리고 죽은 자들이 일어나 신의 나팔소리에 응답하는 장면이다. 당신은 시험에 통과해야 한다. 하지만 시험에 떨어진다고 하더라도 그동안 기울인 노력의 대가는 받게 될 것이다. 최후의 심판은 '때가 정해져 있지 않은 시험'이다. '항상 준비하고 깨어 있으라'라는 말처럼, 이 카드의 천사는 신의 뜻을 알리는 천사이다. 우리는 동일한 천사를 '연인들' 카드에서 보았다. 그들은 인간의 삶에 끼어들지 않는다. 그들은 그저 알려줄 뿐이다. 이미 결정된 일이거나, 내가 참견할 수 없는 일이거나, 결과는 '긍정'도 '부정'도 아니다. 즉 내가 어떤 행동을 해야 한다거나 조심해야 한다거나 하는 미래에 대한 충고가 아니라 '이미 결정되었으니 때를 준비하라'는 카드이다.

〉〉〉정 방향 카드 해석

당신이 생각하고 있는 일에 대한 결과를 통보받다, 지금까지와는 달라지는 환경 혹은 시험의 조건.

- 당신이 지금까지 했던 일에 대한 결과.
- 당신이 지금 염두에 두고 있는 일에 관한 소식.
- 갑작스러운 환경의 변화, 하지만 긍정적인.
- 시험 요강이 갑자기 변경되다.
- 당신의 인생을 바꿀 만한 특별한 사건.
- 질문에 대한 대답이라면 'Yes'도 'No'도 아니다.

〉〉〉역 방향 카드 해석

나약함, 단순한, 그러나 열심히 노력한 상황.

- 온몸에 기운이 없는 나약한 사람.
- 낙천적인 성격.
- 나름대로는 열심히 하지만 결과는 그리 좋지 않다.
- 노력을 했다고 하지만 노력이 느껴지지 않는 결과.
- 일을 맡기기엔 역사나 불안정한 사람.
- 생각없이 세상을 살아가는 사람.

0 THE FOOL

그림의 상징들

이 카드의 젊은이는 앞도 보지 않고 절벽이 있건 말건 걸어가고 있다. 위험에 대비해야 할 지팡이는 어깨에 얹혀 있으며 넘어지면 사용될 손에는 꽃이 들려 있다. 그 옆에는 주인과 닮은 동반자까지. 이 카드는 '생각 없는 행동'과 '생각 없는 사람'을 상징한다. 이 카드가 당신의 파트너라면 '생각 없는 파트너', 이 카드가 당신이라면 '주의력 없는 당신'이 될 것이다. 전통적으로 '시작'이라는 의미가 있다고는 하지만 대개 '바보'로 해석되는 이유는, 이 카드가 '시작'의 위치보다 당신의 행동에 대한 평가로 자주 사용되기 때문이다. 그러나 이 카드의 노란색 배경은 '바보 같은 결과'가 결정된 것이 아니며, 아직은 바꿀 수 있다고 말한다. 이 카드는 '시작'의 의미를 가지고 있기 때문에 고정된 결과를 나타내는 카드가 아니다.

〉〉〉〉정 방향 카드 해석

자신만이 아니라 주변사람들까지 뒤흔들다. 한곳에 빠지면 정신을 차리지 못하는 사람, 미친 듯이 행동하다. 상황을 가리지 않고 화를 내다. 금전적으로 불안정한.

· 말 그대로 미친 듯 행동하는 사람.
· 천재와 광인은 정말 종이 한 장 차이.
· 끝이 없는 수집욕.
· 수입과 지출이 불분명한 사람.
· 이유 없이 화를 내거나 상황에 맞지 않게 화를 내는 사람.

〉〉〉〉역 방향 카드 해석

주변에 대해 무관심한, 자신의 일을 끝맺는 데 관심이 없는, 어차피 해고 당할 직장.

· 타인을 생각하지 않는 사람.
· 일 없이 노는 백수.
· 프로젝트의 마감은 중요하지 않게 여기다.
· 퇴근시간만 챙기고 일은 열심히 안 하는 직장인.
· 직장에서 퇴출당했다면 그 이유는 직장이 아니라 당신에게 있다.
· 세상이 자신을 위해서 돌아간다고 생각하는 사람.

XXI THE WORLD

그림의 상징들

이 카드는 완벽하게 조화된 삶 그리고 완벽한 기쁨을 이미 얻은 상태를 상징한다. 또한 모든 질문에서 긍정적으로 해석되며 모든 부정적인 카드의 미래를 행복으로 바꿔 놓는 카드이다. 이 카드는 주변인물들과의 조화가 얼마나 중요한 것인가를 말한다. 운명의 수레바퀴 카드와 마찬가지로 네 가지의 상징이 배열되어 있다. 이번에는 그들이 책을 가지고 있지 않다. 그들은 이미 자신들의 임무를 끝내고 휴식하고 있다. 그녀는 아직도 걸어가고 있다. 물론 그녀의 여행은 끝났지만 세상은 여전히 움직이고 있기 때문이다. 우리는 인생에 있어서 목표를 달성하면 모든 것이 끝난다고 생각하는 경우가 많다. 하지만 목표 달성이 인생의 끝은 아니다. 이 카드가 상징하는 것은 바로 이러한 것이다.

>>>>정 방향 카드 해석

먼 곳으로 떠나는 즐거운 휴가여행, 스카우트 제의를 받다, 시험을 통과하다.

· 새로운 것을 보고 즐기며 새로운 사람을 만나다.

· 당신이 원하던 많은 것을 가지고 즐기다.

· 꿈꾸던 직장에서 스카우트 제의를 받다.

· 자격증을 따다.

· 시험에 통과하다.

· 원하던 소식을 듣게 되다.

· 휴가 여행을 떠나다.

>>>>역 방향 카드 해석

자극이 없는 현재 때문에 무력함에 빠지다, 한곳에 정착하여 가족을 이루다.

· 지나치게 행복한 것일까?

· 현재가 지루하다고 생각하다.

· 행복함이 지나쳐 불행하다고 생각하다.

· 변함없이 행복하고 즐겁게 살아가다.

· 당신을 불행하게 만드는 요소가 없다고 해서 불행이 당신을 버렸다고 생각하지는
말라.

컵 에이스 ACE OF CUPS

ACE OF CUPS

〉〉〉〉정 방향 카드 해석

화목하고 즐거운 가정, 끝없는 기쁨, 당신의 즐거운 집, 당신을 살찌우는 맛있는 음식들, 당신을 정신적으로 성숙하게 하는 책들, 당신을 기쁘게 하는 당신의 자녀들과 가족들.

· 행복한 가정.
· 당신을 기쁘게 하는 일들일 끊임없이 일어나다.
· 당신이 좋아하는 맛있는 음식을 마음껏 먹다.
· 평온한 생활은 무엇보다도 중요한 것이다.
· 당신을 감동시킬 영화나 책을 보다.
· 당신의 가족과 자녀들은 당신의 기대를 져버리지 않을 것이다.
· 당신은 아직 행복함을 누릴 자격이 있다.

〉〉〉〉역 방향 카드 해석

대화가 단절된 가정, 위기에 놓인 관계.

· 이름만 가족인 사람들.
· 당신이 생각지도 않았던 일로 인해 가족이 흩어지다.
· 가족을 유지하기 위해 노력해야 하지 않을까?
· 스스로에게 자신은 행복하다고 거짓말하지 말라.
· 모든 불행의 원인은 스스로에게 있다.

TWO OF CUPS

〉〉〉〉정 방향 카드 해석

사랑과 열정, 당신이 선택한 상대는 당신과 잘 맞는 상대이다, 사업상 당신이 생각하는 파트너는 매우 훌륭한 사람이다.

· 사랑에 빠진 것인가?
· 당신의 상대도 당신을 사랑하고 있다.
· 비즈니스적으로 잘 맞는 파트너를 만나게 되다.
· 훌륭한 금융의 재능을 지닌 파트너.
· 당신을 성공으로 이끌어주는 매니저.
· 당신을 잘 알고 이끌어주는 가족.

〉〉〉〉역 방향 카드 해석

겉모습에 연연하는 사랑, 어리석은 선택, 오해로 인해 사랑이 무너지다.

· 정략 결혼.
· 이미 식어버린 사랑.
· 질문에 대한 대답이라면 '어리석은 선택은 하지 말라'.
· 사소한 실수로 인해 사랑이 무너지다.
· 당신의 사랑은 이제 허울뿐이다.
· 당신은 지금까지 사랑이라고 착각하고 있었을 뿐이다.

THREE OF CUPS

>>>>정 방향 카드 해석

즐겁고 신나는 축제, 모든 사람이 축하할 만한 사건, 마음의 아픔을 치유할 만한 좋은 이야기와 사람들.

- 당신과 친구들이 함께 하는 즐거운 시간.
- 당신에게 축하받을 일이 생기다.
- 당신의 숨겨진 작은 슬픔이 이제 기쁨으로 변할 것이다.
- 당신을 행복하게 하는 친구들에게 감사하라.
- 당신의 노력보다는 친구들과 다른 사람들의 노력이 필요할 때.
- 당신도 다른 사람을 진심으로 축하하라.

>>>>역 방향 카드 해석

여행을 떠나다, 목적지에 도착하다.

- 인생이라는 여행의 끝은 없다.
- 멀리 여행을 떠나다.
- 계획에도 없던 이사, 전직, 전근.
- 휴식을 위한 여행.
- 당신이 생각지도 못했던 소식.
- 오랜 시간이 걸린 여행이 끝나다.

FOUR OF CUP

〉〉〉〉정 방향 카드 해석

주어진 것들에 대해 싫증을 느끼다, 반대로 모든 것에 기쁨을 느끼다.

- 당신은 주변의 모든 것에 싫증을 느끼고 있는가?
- 당신은 주변의 모든 것에 기쁨을 느끼고 있는가?
- 당신은 가장 중요한 것을 모를 수 있다.
- 당신이 무언가를 선택하고자 한다면 그건 사치스러운 생각이다.
- 당신 주변의 사소한 것들을 소중히 여겨야 한다.
- 심호흡을 하고 푹 자는 것은 어떨까?

〉〉〉〉역 방향 카드 해석

신비스러운 일들, 어떤 일의 전조, 예감(기쁨 또는 슬픔), 미래를 위해 새로운 것을 배우는 것을 고려하다.

- 생각지도 못한 일들이 벌어지다.
- 영화 속에서나 볼 수 있는 일들이 일어나다.
- 슬픔의 전조.
- 기쁨의 전조.
- 당신이 꿈꾸는 것을 이루기 위해 노력하다.
- 당신의 잠자는 동안 보았던 것이 현실로 이루어지다.

FIVE OF CUPS

>>>>정 방향 카드 해석

가진 것을 잃다, 모든 것을 잃지는 않았지만 앞으로 얻게 되는 것은 잃지 않도록 주의하라, 약혼자를 강탈당하거나 약혼자의 비리를 알게 되다.

- 소매치기를 당하다.
- 사업적으로 손해를 보다.
- 약혼자를 다른 사람들에게 빼앗기다.
- 사기 결혼.
- 약혼자의 좋지 못한 과거를 알게 되다.
- 당신의 것을 강탈당하다.

>>>>역 방향 카드 해석

가족으로 맞아들이다, 가족이 늘어나다, 문제는 가문을 중요시 여기는 것.

- 새로운 가족이 늘어나다.
- 자식이 생기다.
- 결혼을 할 기회가 생기지만, 상대방의 집안이 반대하거나 당신의 집안이 반대하다.
- 연애할 때에는 가문이 문제가 되지 않지만, 결혼할 때에는 문제가 되다.
- 당신에게 중요한 것은 사랑하는 사람인가? 아니면 집안인가?
- 당신이 진정으로 원하는 것을 선택하라.

SIX OF CUPS

>>>>정 방향 카드 해석

어린 시절의 추억, 과거의 인물이 현재의 인물로 바뀌다, 현재의 모든 것이 추억이 될 정도로 상황이 바뀌다.

- 당신이 행복했던 시절.
- 과거의 친구가 현재의 애인이 되다.
- 상황이 완전히 바뀌다(대개 부정적으로).
- 당신은 환경과 주변사람들의 변화를 견딜 수 있는가?
- 당신이 원하던 모든 것은 환상이 될 것이다.
- 비즈니스적인 질문이라면 '급격한 상황의 변화'.

>>>>역 방향 카드 해석

미래에 일어날 모든 일들, 상황이 바뀌기 전에 모든 일을 끝내두는 것이 좋다.

- 프로젝트는 길면 중단되기 마련이다.
- 당신이 예상하고 있던 악조건.
- 빨리 끝내지 않으면 당신의 노력은 무시될 것이다.
- 당신이 행복을 조금 더 누리고 싶다면 해야 할 일을 더 빨리 진행하라.
- 오늘 할 일을 내일로 미루면 그 일은 짐이 될 것이다.
- 오늘 준비하지 못한 모든 것은 내일의 장애물로 나타날 것이다.

SEVEN OF CUPS

〉〉〉〉정 방향 카드 해석

당신이 꿈꾸는 것은 현실화될 가능성이 적다.

· 당신은 몽상가이다.
· 당신은 현실보다는 환상에 빠져 있다.
· 당신은 어쩔 수 없는 실수를 피해가고자 한다.
· 당신은 실수가 두려워 현실을 피하려고 하는 것이다.
· 당신은 현실에서 살아갈 자신이 없다.
· 당신에게는 투지가 필요하다.

〉〉〉〉역 방향 카드 해석

당신의 의지가 진실이라면 준비하라, 아직은 더욱 많은 준비가 필요하다.

· 당신이 과연 의지를 가지고 있기는 한 것인가?
· 당신은 목표를 위해 얼마나 노력했는가?
· 당신은 진실된 마음을 가지고 있는가?
· 당신의 삶의 기준은 무엇인가?
· 당신을 미치도록 만드는 것이 있는가?
· 잠만 자는 것으로는 세상이 바뀌지는 않는다.

EIGHT OF CUPS

〉〉〉〉정 방향 카드 해석

샘솟는 기쁨을 주는 모든 사람들, 당신을 부드럽게 감싸주는 사람들, 소심하고 내성적이지만 지혜를 가지고 명예를 존중하는 주변사람, 당신이 가져야 하는 겸손함과 정숙함.

- 당신에게 기쁨을 주는 사람들.
- 당신의 실수를 감싸주고 위로해 주는 사람들.
- 성격은 온순하지만 당신을 명예롭게 지키는 사람들.
- 당신은 정숙함과 겸손함을 가진다면 더욱 발전할 것이다.
- 당신은 지혜를 추구하고 명예를 목표로 삼을 필요가 있다.
- 당신의 가슴을 적시는 풍요로운 생각.

〉〉〉〉역 방향 카드 해석

행복, 축제.

- 금전적인 행복.
- 정신적인 만족.
- 모두가 즐기는 파티.
- '행복하게 잘 살았습니다' 라는 결론
- 모든 사람들의 승리.

NINE OF CUPS

〉〉〉〉정 방향 카드 해석

당신의 육체는 건강하며 당신의 주변사람들은 당신을 사랑할 것이다. 당신이 더 많은 것을 바란다면 욕심이다.

· 건강한 육체.
· 주변사람들에게 신임을 얻는 사람.
· 주변사람들에게 인정을 받다.
· 약간의 도움만 있다면 당신은 인기를 얻을 수 있을 것이다.
· 당신과 함께 하는 동료가 있다면 당신은 성공할 수 있을 것이다.
· 당신을 사랑하는 사람이 있다면 당신은 원하는 것을 이룰 수 있을 것이다.

〉〉〉〉역 방향 카드 해석

진실된 행동, 당신에게 충실한 사람들, 때로는 그 반대인 진실하지 못한 행동, 당신 주변의 충실하지 못한 사람들.

· 당신의 진실되지 못한 행동.
· 당신의 진실되지 못한 친구들.
· 당신에게 충실한 친구들.
· 당신에게 충실하지 못한 친구들.
· 당신을 속이는 친구들.
· 친구들을 속이고 있는 당신.

TEN OF CUPS

〉〉〉〉정 방향 카드 해석

행복한 휴식, 더 이상의 욕심을 가지지 않아도 좋을 정도로 만족하다, 안락한 휴식처, 당신이 쉬고 있는 사이에 당신을 공격할 상대에 주의하라.

- '행복하게 잘 살았습니다'라는 결론.
- 당신이 악한 행동을 하지 않았다면 당신의 행복을 침범할 사람은 없다.
- 행복에 취해 휴식을 하는 것도 좋지만 다음 일도 계획해야 하지 않을까?
- 당신이 원하던 것이 모두 이루어지다.
- 행복한 가정, 행복에 마음껏 취하라.
- 여기서 더 무언가를 바란다면 당신은 지나친 욕심을 가진 사람이다.

〉〉〉〉역 방향 카드 해석

당신의 휴식을 방해하는 모든 것들, 병, 금전적인 문제, 배신자, 폭력적인 행위.

- 당신을 방해하는 사소한 일들.
- 약간의 금전적인 사고가 생기다.
- 당신의 주변인물이 돈을 빼돌리다.
- 아무 이유 없이 당신을 때리는 잘못된 친구.
- 당신이 행복할 수 없도록 만드는 주변환경.
- 당신의 행복은 마음에 달려 있을 수도 있다.

PAGE OF CUPS

>>>>정 방향 카드 해석

올바르고 학구적인 젊은 사람, 이 사람은 당신에게 많은 도움을 줄 것이다. 스스로를 위한 명상의 시간이 필요하다, 비즈니스와 관련해서 당신의 프로젝트가 채택되다.

· 배우고 공부하는 것을 즐기는 센스 있는 젊은이.
· 당신에게 새로운 아이디어를 공급해줄 아랫사람.
· 창조적인 아이디어를 현실화시키는 것도 당신의 정열을 소비하는 일, 잠시 휴식이 필요.
· 당신 스스로와 주변사람들을 위해 편안히 쉬는 시간을 가져야 한다.
· 일과 관련해서는 당신이 제출한 프로젝트가 채택되다.
· 당신이 프로젝트의 일원으로 뽑히다.

>>>>역 방향 카드 해석

버릇, 겉모습에 현혹되다.

· 사람은 항상 같은 실수를 저지른다. 그것을 깨닫는다면 성공한다.
· 당신은 항상 겉모습을 중요시 여긴다.
· 공작은 화려해도 새일 뿐이다.
· 지금 당신이 하던 행동 하나를 딱 끊어야 할 필요가 있다.
· 항상 같은 상황에서의 실수, 그것은 망각에서 비롯된다.
· 환상은 항상 멋져 보인다. 똑바로 현실을 바라보아야 한다.

KNIGHT OF CUPS

>>>>정 방향 카드 해석

소식을 받다, 지식이나 능력이 높은 단계로 오르다, 더 좋은 직장을 제안 받다, 당신에게 기쁨을 줄 모임에 초대되다.

· 학회, 세미나, 파티 등의 초대장.
· 자격증, 코스, 학교 등에서 레벨이 높은 단계로 상승하다.
· 원하던 직장에서 스카우트 제의를 받다.
· 제일 좋아하는 친구의 생일잔치에 초대받다.
· 당신의 행복이 사람들과의 사교생활이라면 좋은 의미.
· 지겨운 일상에서 벗어나고 싶은가?

>>>>역 방향 카드 해석

속임수, 기만, 배신에 주의하라.

· 당신에게서 무언가를 원하기만 하는 사람들이 당신을 뒤흔들지 모른다.
· 당신의 근본보다는 겉모습만을 보고 판단하는 사람들이 당신을 배신할 것이다.
· 당신의 주변사람들은 어쩌면 당신을 싫어하는지도 모른다.
· 중요한 비밀은 타인에게 말해선 안 된다. 그 비밀이 지금 드러날 것이다.
· 당신이 원하는 것을 얻기 위해선 주변사람들과 관계가 중요하다.
· 사업상의 질문이라면, 지금 선택하고자 하는 것이 '빛 좋은 개살구' 일 수 있다.

QUEEN OF CUPS

⟫⟫⟫정 방향 카드 해석

언제나 옳은 선택을 위한 조언을 해줄 수 있는 여성, 지적인 가치를 추구하며 상황을 유익한 방향으로 이끌 수 있도록 판단력이 뛰어난 사람, 성공.

- 항상 옳은 말만 해서 얄미운 사람.
- 그 사람의 말을 따르면 항상 결과가 좋지만 왠지 반항하고 싶어지는 사람.
- 아랫사람을 잘 다룰 줄 아는 성공한 사람.
- 결과에 대해 질문한 것이라면 '성공' 의 가능성이 있다.
- 좀더 제대로 된 조언을 구하라.

⟫⟫⟫역 방향 카드 해석

일구이언(一口二言), 겉모습은 뒤떨어지지 않는, 기대만큼 일을 해내지 못하는 사람.

- 한 입으로 두 가지 말을 하는 사람.
- 겉모습은 화려하지만 내용물은 실패작인 사람.
- 말은 잘하지만 일은 못하는 사람.
- 항상 상황에 따라서 입장이 달라지는 사람.
- 생각보다 별것 아닌 사람.
- 질문에 대한 대답이라면 좀더 상황을 지켜보는 것이 좋다.

KING OF CUPS

>>>>정 방향 카드 해석

올바르고 정의로운 사람, 직업이라면 법조계, 사장이거나 당신의 상사, 때로는 원치 않는 선택을 강요하는 아버지일 수 있다.

- 무엇보다도 올바르고 정의롭다는 것을 우선으로 하는 사람.
- 검사나 판사 같은 직업을 가진 사람.
- 당신에게 일을 맡기고 당신을 조율하는 사장이나 상사.
- 원칙을 지킨다면 자신의 것을 잃는 일은 없다.
- 당신이 명령을 내리는 사람이라면 역시나 권력을 남용하지는 않을 것이다.
- 당신은 절대 남의 행복을 짓밟지 않을 것이다.

>>>>역 방향 카드 해석

정직하지 않은, 양쪽에 모두 줄을 대고 있는 박쥐 같은 사람, 법에 걸리지 않을 정도의 범죄를 저지르는 사람, 아랫사람을 착취하는 것을 즐거움으로 여기다.

- 남을 속이고 빼앗는 사람.
- 정보를 잘 수집하는 사람이지만 믿을 수 없는 사람.
- 법망을 피해 다니는 불법적인 사업.
- 아랫사람들을 착취하여 돈을 버는 사람.
- 잔인하고 나쁜 사람.
- 의처증에 걸린 남편.

마이너 아르카나 – 완드

ACE OF WANDS

〉〉〉〉정 방향 카드 해석

당신의 샘솟는 의지와 창의력, 자연의 법칙, 세상의 모든 것을 움직이게 하는 에너지의 근원, 당신의 새로운 가족, 아직 당신에게는 행운의 별이 빛나고 있다.

· 당신의 아이디어는 독창적인 것.
· 모든 결과는 자연의 영향권에서 벗어날 수 없다.
· 모든 것의 근원이 되는 힘.
· 활력이 넘치는 건강한 육체.
· 당신에게 행운의 별이 빛나다.
· 새로운 가족이 생기다(혹은 아이가 탄생하다.).

〉〉〉〉역 방향 카드 해석

행운의 별이 당신의 머리 위에서 떠나다, 사회적인 삶에서 소외되다, 약간의 소득을 얻었지만 안심할 수 없다.

· 행운의 시기가 끝나고 있다.
· 사회적인 지위를 빼앗기다.
· 오랜 적자 끝에 흑자로 돌아섰지만 그동안의 손해가 커서 안심할 수 없다.
· 지금까지는 안정적인 생활을 할 수 있었지만 지금부터는 경계하라.
· 유행이나 친구들 사이에서 소외되었다고 느끼다.
· 외롭고 힘들다고 느끼더라도 아직 당신에게는 희망이 있다.

TWO OF WANDS

﹥﹥﹥﹥정 방향 카드 해석

지금 가지고자 하는 것은 양립될 수 없는 것, 만능의 인간은 없다, 물론 한쪽은 실패이고 한쪽은 성공을 뜻할 것이다. 선택에 의해서 부와 명예와 사랑을 얻다, 가난함과 불명예가 마음의 상처가 될 수도 있다.

· 돈 아니면 마음, 둘 중에 하나만 선택할 수 있다면?

· 직장에서도 인정받고 가정에서도 인정받는 사람은 그리 많지 않다.

· 당신이 원하던 것이 명예였다면 돈을 추구해서는 안 되지 않을까?

· 처음 원했던 것이 무엇인지 곰곰이 생각하라.

· 항상 당신에게는 실패만 주어지는 것은 아니다.

· 당신이 원하는 것은 무엇인지부터 결정해야만 한다.

﹥﹥﹥﹥역 방향 카드 해석

놀라다, 이해할 수 없는, 감정적인 문제, 이유를 알 수 없는 두려움.

· 좋지 못한 예감, 왠지 일이 잘못될 것 같은 두려움.

· 논리적이지 못하고 현실적이지 못한 결과.

· 상황을 이해하지 못하고 공황상태에 빠지다.

· 문제의 원인은 감정이 앞섰기 때문이다.

· 두려움의 이유는 단 하나, 당신이 그 원인이기 때문이다.

· 이성과 감정을 착각한다면 곤란하다.

THREE OF WANDS

〉〉〉〉정 방향 카드 해석

지나온 일들을 추억하며 자신이 가진 것들을 내려다 보다, 금전적인 재능을 가지고 있는 사람이 가진 결과, 비즈니스와 관련된 재능을 발휘하기 위해 준비하는 상태.

· 장기간의 비즈니스를 준비하는 것은 인내심을 필요로 하는 일이다.
· 금전적인 바탕을 가지고 있다면 실패의 확률이 적다.
· 열심히 노력했던 과정을 돌아보다.
· 지금의 굳건한 지위는 과거의 노력 때문이다.
· 성공을 거두고 있는 이유는 바탕이 준비된 상태였기 때문이다.
· 당신의 재능은 금전적인 운용력이다.

〉〉〉〉역 방향 카드 해석

준비한 만큼의 결과, 생각보다 약간은 모자란 결과.

· 열심히 준비한 만큼의 결과.
· 만족스럽지 못한 결과이지만 실패한 것은 아니다.
· 항상 사람은 자신의 결과에 만족하는 것은 아니다.
· 미래에 대한 질문이라면, 성공이지만 만족하지는 않을 것이다.
· 행복은 약간 모자란 곳에서 나타나는 법.
· 만족스럽지 못하다면 미래에 대비하라.

FOUR OF WANDS

〉〉〉〉정 방향 카드 해석

당신과 가족을 위해 기반을 닦는 데 성공하다, 결혼식 후의 피로연, 당신이 되돌아 쉴 곳.

· 열심히 노력하여 생활의 기틀을 다지다.
· 당신을 축하하는 사람들과의 파티.
· 당신이 돌아가 쉴 가정.
· 당신의 노력으로 얻은 값진 대가.
· 당신이 가진 것들을 쉽게 사라지지 않을 것들.
· 당신의 행복은 당신의 성실성에 달려 있다.

〉〉〉〉역 방향 카드 해석

흔들리지 않는 마음을 가지고 있다면 당신이 추억하는 안락한 집으로 되돌아가게 될 것이다. 과거에 당신이 가졌던 것을 되돌려 받게 되다.

· 과거를 회상하는 것만이 능사는 아니지만 노력한다면 현실이 된다.
· 지금은 힘들지 모르지만 이 시기는 금방 끝나게 될 것이다.
· 주변의 반대에 흔들리지 말아야 한다.
· 당신의 것을 돌려 받기 위해서는 당신의 의지를 보여야 한다.
· 행복하고 싶다면 그만큼 노력해야 하는 것은 당연한 일이다.
· 강인한 마음은 좋은 결과를 부르기 마련이다.

FIVE OF WANDS

〉〉〉〉정 방향 카드 해석

명예를 얻기 위한 시합(물론 금전적인 부유함은 가지고 있는 상태의), 가벼운 마음으로 즐기는 시험과 테스트, 떨어질 리 없는 시험.

· 쇼맨십으로 진행되는 레슬링 경기처럼 결과가 정해져 있는 시합.
· 어떤 결과든 즐겁게 나눌 수 있는 상태, 2002년 월드컵에서 우리나라와 터키전 같은.
· 성적과 관계 없는 모의고사.
· 100명이 응시했으나 102명을 뽑는 시험.
· 용돈이 충분하지만 아르바이트를 하다.
· 마음 편하게 상황을 즐기다.

〉〉〉〉역 방향 카드 해석

질투에 가득 찬 상대방에 의해 소송에 시달리거나 논쟁을 해야만 하는 상황, 어쩌면 당신은 이유 없는 반대에 부딪히게 될 것이다.

· 당신의 모든 것을 노리고 있는 경쟁자.
· 보잘것없는 일 때문에 소송에 시달리게 되다.
· 싸워서 이겨야 하는데 별로 싸우고 싶은 기분이 들지 않는다.
· 꼭 논쟁을 해야 하는 상황에 놓인다면 져주는 것도 나쁘지 않다.
· 이유를 알 수 없는 논쟁과 질투.
· 뭘 해야 할지 알 수 없는 상황.

SIX OF WANDS

〉〉〉정 방향 카드 해석

승리자가 되었을 때 가질 수 있는 많은 것들, 모든 것에서 우위에 서다.

· 공모전에서 당선되다.

· 많은 상금을 받다.

· 대중에게 인기를 얻다.

· 아이디어가 샘솟다.

· 당신을 돕는 많은 사람들과 함께 하다.

· 당신은 원하던 지위와 명예를 가지게 될 것이다.

〉〉〉역 방향 카드 해석

질 것 같은 불길한 예감, 패배를 부르는 모든 요소들, 배신, 충정을 가지지 않은 부하나 후배, 말을 아끼지 않는 친구들, 말로써 상처 주는 주변인물들.

· 불안한 예감은 맞기 마련이다.

· 사소한 실수라도 패배를 부를 수 있다.

· 당신을 배신하는 친구.

· 충성심이 없는 동료와 친구는 실패를 부른다.

· 말을 아끼지 않는 사람들은 정보도 말로 흘리기 마련이다.

· 말을 심하게 하는 주변사람들, 그러나 친구라고 생각하고 있다.

SEVEN OF WANDS

〉〉〉〉정 방향 카드 해석

프로젝트나 사업에 있어서는 토론, 직장에서는 루머와 연관된 말다툼, 아직 결과는 멀었지만 진 것은 아니다.

· 목표를 위한 토론.
· 계획을 세우기 위해 의견 수렴을 위한 토론.
· 소문의 근거를 확인하려고 다그치다가 말싸움이 되다.
· 장기적인 프로젝트 진행 중, 그 결과는 시간이 지나야 알 수 있다.
· 모든 사람과 친하지 않다면 루머에 시달릴 수밖에 없다.
· 시간이 지체되었다고 생각하지 말라. 시간은 아직 많이 남아 있다.

〉〉〉〉역 방향 카드 해석

감정 조절에 실패하면 인생에서도 실패할 것이다.

· 욱하는 성격은 당신을 실패하게 만든다.
· 싫어하는 사람 앞에서 사업적인 미소를 지을 수 없다면 실패다.
· 무언가를 얻고 싶다면 거짓 미소도 때로는 필요하다.
· 수줍어하지 않는다면 당신은 사랑을 얻을 수 없다.
· 스스로 활발하고 솔직하다고 하지만 타인은 파괴적이라 생각한다.
· 그 성격 때문에 당신을 좋아하는 사람보다 싫어하는 사람이 많다.

EIGHT OF WANDS

〉〉〉〉정 방향 카드 해석

당신의 의무를 지킬 때 따라오는 보장된 앞날, 당신의 미래를 향해 전진하다.

· 당신은 규칙을 잘 지키는 모범생.

· 당신은 해야 할 의무를 지켰을 때 받게될 보상에 대해 잘 알고 있다.

· 누가 보지 않아도 해야 할 일을 하며 미래를 꿈꾸다.

· 현실적이고 성실한 사람을 만나다.

· 성실하게 살아가면 보답은 금방 받게 된다.

· 현실적인 희망은 성실한 태도를 통해 현실화된다.

〉〉〉〉역 방향 카드 해석

절제되지 못한 감정, 타인을 전혀 생각지 않는 사람, 분쟁으로 인한 싸움.

· 나쁜 사람은 아니지만 욱하는 성격 때문에 말을 함부로 하는 사람.

· 주변상황은 생각지도 않고 자신의 감정만 생각하는 사람.

· 길거리에서 시비가 붙어 싸움이 벌어지다.

· 시시비비를 가리기 위해 재판을 하다.

· 별것 아닌 일로 여러 사람이 패싸움을 하다.

· 타인을 생각하지 않는 사람 때문에 피해를 입다.

EIGHT OF WANDS

〉〉〉〉정 방향 카드 해석

자신의 선택에 대한 반대를 겪다, 프로젝트가 연기되다, 수입이 정지되다, 받아야 할 돈을 늦게 받게 되다.

· 주변의 심한 반대.
· 강제적인 실직이나 휴직.
· 빌려준 돈을 못 받게 되거나 채무자가 차일피일 미루다.
· 주식 투자에 실패하다.
· 금융회사가 망해 원금을 받지 못하게 되다.
· 결혼 상대를 부모님이 반대하다.

〉〉〉〉역 방향 카드 해석

생각지도 못한 사람이 적이라는 사실을 알게 되다, 여러모로 행동에 방해를 받다.

· 파트너가 정보를 누설한 사실을 알게 되다.
· 부모나 형제 등 인척이 당신의 경쟁자라는 사실을 알게 되다.
· 하고자 하는 일이 모두 방해받다.
· 계획하고 있던 일이 실패하거나 아예 시작도 못하다.
· 사소한 작은 일들이 큰 프로젝트를 망치다.
· 팀원을 구하지 못해 프로젝트를 진행하지 못하다.

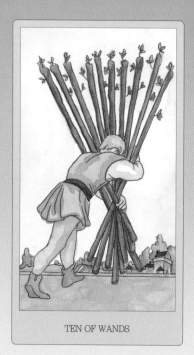

TEN OF WANDS

〉〉〉〉정 방향 카드 해석

자신의 능력보다 넘치는 일을 떠맡게 되다(그러나 완성되면 소득을 얻게 되다), 스스로 선택한 고민(그러나 결과는 얻지 못할 수 있다), 법적인 문제의 결과는 좋지 못한 쪽으로 흐르다.

- 가끔은 당신의 능력을 숨기는 것도 좋을 것.
- 지나치게 과중한 업무를 맡았다고 해도 완결하면 보너스가 주어질 것이다.
- 아는 체하는 것은 좋지 못하다.
- 당신에게 귀찮은 일이 떠맡겨질 것이고 이익은 없다.
- 법적인 소송 등을 준비하고 있다면 미루는 것이 좋다.
- 앞에 나서서 일을 맡는 것은 대부분 이익 없는 일이다.
- 일이 좋다면 불평하지 말고 그냥 그렇게 살아라.

〉〉〉〉역 방향 카드 해석

법적인 문제에서의 거짓 증거 또는 거짓 증언, 열심히 노력한 일이 흥밋거리로 치부되다.

- 당신이 제출한 증거가 거짓 증거 취급을 받다.
- 거짓 증인으로 인해 피해를 입게 되다.
- 수십 년 동안 노력한 것이 다른 사람들에게 별것 아닌 취미로 취급받다.
- 다른 사람의 거짓 증거로 인해 피해를 입게 되다.
- 당신의 말을 믿어주지 않을지도 모른다.
- 아무도 당신의 증거를 인정하지 않는다.

PAGE OF WANDS

〉〉〉〉정 방향 카드 해석

당신의 곁에 있는 사람, 항상 즐거운 소식을 전하는 전화 내용, 당신에게 기회의 소식을 전하는 사람, 어렸을 때부터 같이 지내온 친구(하지만 라이벌일 수 있다).

- 핸드폰은 받으라고 있는 것!
- 항상 즐거운 소식만 전하는 친구.
- 당신을 행복하게 만들어 주는 사람들에게 보답하라.
- 딱 맞는 옷처럼 당신을 잘 아는 사람이니 경쟁자로 만들지 말라.
- 당신의 라이벌은 당신을 잘 아는 사람이니 무시하지 말라.
- 행복하고 싶다면 친구에게 좀더 잘해주는 것이 좋다.

〉〉〉〉역 방향 카드 해석

듣지 않았으면 더 좋았을 소식, 결과를 알 수 없고 불안정한, 결정을 내리지 못하는 프로젝트.

- 좋지 못한 소문을 듣게 되다.
- 결정권이 당신에게 없어서 결론이 나지 않은 일들.
- 결과를 알 수 없다고 불안해하고만 있다면 상황은 끝나지 않는다.
- 남을 욕한 적이 있는지 기억을 더듬어보라, 당신이 한 대로 당한다.
- 결과를 알 수 없는 건 당신이 완벽하게 준비하지 않았기 때문이다.
- 결정권이 없다고 한탄하지 말라, 조만간에 결정권이 주어진다.

KNIGHT OF WANDS

〉〉〉〉정 방향 카드 해석

말이 없는 사람, 계획했던 대로 이사를 하다.

· 항상 자신의 일을 열심히 하는 사람.

· 모든 것은 계획대로, 실패를 최소화하는 방법은 이것뿐이다.

· 예정대로 직장을 그만두거나 새로 얻게 되다.

· 이사를 하는 것이 '계획' 된 일이라면 진행하라.

· 즉흥적으로 무언가를 결정한다면 실패할 것이다.

· 계획만 철저히 세운다면 실패란 없다.

〉〉〉〉역 방향 카드 해석

외부와의 단절, 사회생활을 하는 데 방해되는 일들, 의견일치를 보지 못하는 프로젝트.

· 정보 수집은 모든 일의 기본이다.

· 주변의 모든 일들이 꼬이는 것 같은 기분을 느끼다.

· 지속적으로 다른 의견을 말하기만 하는 동료들과 상사들.

· 당신이 프로젝트의 리더라면 좀더 카리스마 있게 행동하라.

· 머리 깎고 산으로 들어가고 싶은 기분.

· 오랜만에 외출을 했더니 나만 외계인처럼 느껴지다.

QUEEN OF WANDS

〉〉〉〉정 방향 카드 해석

엄숙한 분위기를 가진 사람, 정숙하고 친절한 여인, 사랑스러운 여인, 질문자가 여성이라면 결혼할 준비가 된 여성, 질문자가 남성이라면 '조강지처'도 될 법한 여인.

- 오래된 가문의 종가집 며느리.
- 누구에게나 친절하며 사람들을 보살필 줄 아는 여인.
- 한 남자의 안식처가 되어주는 조강지처.
- 당신이 결혼에 대해 생각하고 있다면 당신은 충분히 잘할 수 있다.
- 엄숙한 분위기와는 달리 속마음은 따뜻한 여인.
- 당신이 남자라면 이 여인은 당신이 원하는 것을 줄 수 있는 사람.

〉〉〉〉역 방향 카드 해석

친절하고 좋은 사람, 하지만 100퍼센트 믿을 수는 없는 사람, 친절하지만 불길한 예감을 주는 사람.

- 누구에게나 친절하지만 속마음을 드러낸 적이 없는 사람.
- 친절하게 말은 하지만 왠지 불안한 느낌이 드는 사람.
- 만약 당신이 불안한 느낌을 받았다면 그 파트너는 배제하는 것이 좋다.
- 당신이 할 수 있는 일이라면 남에게 맡기지 말라.
- 당신을 항상 돕는 사람이 결정적인 순간에 사라진다면 어떻게 할 것인가?

KING OF WANDS

〉〉〉〉정 방향 카드 해석

엄숙한 분위기를 가진 사람, 친절하고 부드럽지만 고집이 있고 전통을 지키는 사람, 정해진 상대와 결혼하다.

· 딱딱하고 규칙을 강조할 것 같은 사람.
· 말은 없고 고집이 세지만 상대방을 배려할 줄 아는 사람.
· 어렸을 때 정해진 정혼자와 결혼하다.
· 평범하게 결혼하다.
· 성실하고 좋은 사람.
· 당신이 사업과 관련된 질문을 하였다면, 열심히 노력하라는 뜻.

〉〉〉〉역 방향 카드 해석

좋은 사람이지만 전통을 중요하게 여기는, 그렇기 때문에 한편으론 고루할 수도 있는 사람.

· 오래된 가문의 종손.
· 지식은 많지만 책 속의 지식이어서 실용성이 없는 사람.
· 착하고 성실하지만 현실 감각이 없는 사람.
· 노력한 만큼의 결과를 얻지 못하는 사람.
· 행복이란 작고 예쁜 가정이라고 생각하는 사람.
· 말도 못하고 재치 있는 농담도 못하지만 상대방을 아껴주는 사람.

ACE OF SWORDS

〉〉〉〉정 방향 카드 해석

승리, 권력을 가지다, 위대한 힘을 습득하다.

- 칼을 높이 들고 진군하라. 승리는 당신의 것이다.
- 운명적으로 당신은 위대한 힘을 가지게 될 것이다.
- 당신은 권력을 타고난 사람이다.
- 당신은 사람들을 지휘하는 데서 기쁨을 느끼지 않는가?
- 당신이 원하는 것이 단지 승리만이라면 얻을 수 있을 것이다.
- 당신의 가족은 승리를 기뻐할 것이다.

〉〉〉〉역 방향 카드 해석

승리했지만 아무것도 얻지 못하다, 힘을 가졌으나 힘 때문에 인생을 잃다.

- 1등을 했지만 상품이 없는 대회.
- 이겼지만 상대방이 너무 많은 피해를 입어 아무것도 받지 못하다.
- 리더가 되었지만 돈도, 신뢰도, 가정도 잃어버리다.
- 일벌레라도 가정은 있어야 한다.
- 당신이 가진 것을 남용하면 주변사람들이 떠나가게 될 것이다.
- 힘이나 권력보다는 가정을 돌보는 것이 더 큰 행복이 될지도 모른다.

TWO OF SWORODS

>>>>정 방향 카드 해석

균형, 주변의 사물과 조화된 삶, 사랑과 또 다른 것 사이에서 갈등하다.

· 한쪽으로 치우치지 않는 판단.
· 주변사람들의 입장과 상황을 고려하는 판단.
· 사랑과 우정 사이에서 고민하다.
· 사랑과 자신의 일 사이에서 고민하다.
· 당신은 합리적으로 판단할 수 있을 것이다.
· 중용은 항상 최선의 방법일 수 있다.

>>>>역 방향 카드 해석

진실되지 못한, 성실하지 못한.

· 말과 행동이 다른 사람.
· 말만큼 행동하지 않는 사람.
· 성실하지 못한 사람이 말이 많은 경우가 많다.
· 진실되지 못한 말은 결국 밝혀지기 마련이다.
· 성실하지 못한 사람은 결과를 얻지 못한다.
· 당신은 성실하고 진실되지 못한 사람인가?

THREE OF SWORDS

〉〉〉〉정 방향 카드 해석

원인을 제거하다(이것은 감정적으로는 사랑, 금전적으로는 기반이 제거되는 것일 수도 있다.), 당신은 예상하고 있었지만 생각보다 크게 상처받을 것이다.

· 상처받지 않기 위해 사랑을 중단하다.
· 손해보지 않기 위해 투자를 중단하다.
· 예상된 손해보다 큰 손해를 입을 것이다.
· 사랑의 상처는 가늠할 수 없는 경우가 많다.
· 손해보지 않기 위해 투자를 중단한다면 이익도 얻을 수 없다.
· 상처받지 않기 위해 사랑을 중단한다면 영원히 사랑할 수 없다.

〉〉〉〉역 방향 카드 해석

자신이 속한 그룹에서 밀려나간 듯한 느낌을 받다, 모든 것이 잘못되었다고 느끼다, 우울증에 빠지다, 판단력을 잃다.

· 따돌림을 당하다.
· 주변의 상황이 꼬이고 있다는 것을 느끼다.
· 모든 일이 잘못되어져 정신적으로 불안정한 상태가 된다.
· 판단력을 잃고 헤매고 있으니 휴식을 취하는 것이 좋다.
· 지속적으로 받은 정신적인 상처로 인해 판단력을 잃다.
· 우울증을 이기는 길은 또 다른 흥미거리를 찾는 것이다.

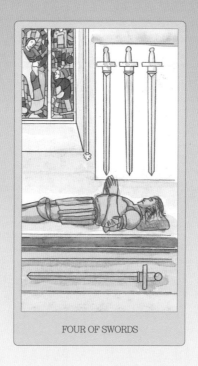

FOUR OF SWORDS

)》》》정 방향 카드 해석

스스로를 보호하려는 당신의 자세는 훌륭하다, 한발 물러서다, 상처를 받지 않기 위해 사회적인 관계를 끊다, 산속에서 도를 닦다, 죽은 자의 무덤.

- 방어자세가 계속되면 발전을 못하지만 손해를 보지는 않을 것이다.
- 앞으로 나서는 시기가 아니라 잠깐 물러서서 휴식해야 할 시기.
- 타인에게 상처받지 않으려면 산속에서 혼자 살아야 하지 않을까?
- 말이 없는 인간관계란 죽은 자의 무덤과 같다.
- 사회적인 관계는 일방적으로 끊을 수 없는 경우가 많다.
- 당신은 조용하고 내성적인 사람이다.

)》》》역 방향 카드 해석

모든 것이 안전하게 이루어질 수 있도록 준비하다, 자신이 가진 재능과 부를 어떻게 사용할 것인지 공식적으로 문서화시키다. 유언장.

- 성공을 위해서는 털끝만큼도 오류가 있어서는 안 된다.
- 당신의 재능과 돈을 바꾸는 계약을 진행하다.
- 법의 틀 안에서 일을 진행하라.
- 안전은 아무리 강조해도 지나치지 않는 것.
- 미래의 행복을 위한 것이라면 지금의 인내는 당연하지 않은가?
- 부를 늘리기 위해 투자하다면 계약서를 잘 살펴보아야 한다.

FIVE OF SWORDS

〉〉〉〉정 방향 카드 해석

명예를 잃다(혹은 명예를 잃게 하다.), 자신의 것을 빼앗기다(혹은 남의 것을 빼앗다.), 상황이 정반대로 뒤바뀌다. 나쁜 평가를 받다.

· 타인의 명예를 침범하다.

· 명예를 잃고 슬퍼하다.

· 가진 것을 잃고 괴로워하다.

· 남의 것을 빼앗아 상대방을 괴로워하게 만들다.

· 긍정적이면 부정적으로, 부정적이면 긍정적으로 상황이 반전되다.

· 주변사람들로부터 나쁜 평가를 받다.

〉〉〉〉역 방향 카드 해석

명예와 관련된 사건에서 루머에 시달리다, 돈도 애인도 빼앗기다.

· 당신의 명예는 훼손될 것이다.

· 부는 언젠가 사라진다.

· 사랑은 영원하지 않을 수도 있다.

· 약간의 실수라고 생각하지만, 이것은 과거에 저지른 큰 잘못이다.

· 당신의 인생은 사소한 실수로 끝장날 수도 있다.

· 원래 운명이란 것은 당신에게만 유리한 것은 아니다.

SIX OF SWORDS

〉〉〉〉정 방향 카드 해석

배를 통한 여행, 접촉을 위한 길(또 다른 비즈니스를 위한), 즐거움을 누리다, 휴식 기간 동안 당신의 일을 위임하다, 풍요로운 시기.

· 배를 타고 여행하다.
· 새로운 비즈니스를 위해 멀리 여행을 떠나다.
· 열심히 일하는 중간의 휴식
· 일을 맡길 수 있을 만큼 유능한 부하.
· 공식적이고 비즈니스적인 모든 일에 행운이 있기를.
· 당신은 금전적으로 정신적으로 풍요로운 날들을 즐기게 될 것이다.

〉〉〉〉역 방향 카드 해석

사랑의 고백, 양심선언.

· 사랑을 고백하다.
· 사랑을 고백받다.
· 당신의 실수를 양심적으로 고백하다.
· 동료가 자신의 실수를 고백하다.
· 범죄 사실에 대해 고백하다.
· 자신의 잘못을 인정하고 용서를 구하다.

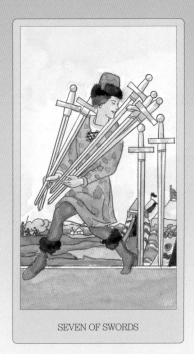

SEVEN OF SWORDS

〉〉〉〉정 방향 카드 해석

계획은 성공이지만 완벽하지 못하다, 희망한 것들을 이룰 수 있다, 논쟁이 생기거나 싸움이 일어난다면 실패할 수 있다.

· 결과는 예상대로 성공이지만 과정에서는 실수가 있을 것이다.
· 당신의 소원은 이루어질 것이다.
· 성공하기 위해서는 대화가 중요하다.
· 서로 싸우고 분리되는 그룹은 성공을 이룰 수 없다.
· 성공은 당신 혼자서 이룰 수 없다.
· 성공은 때로 불완전한 것에서도 이루어질 수 있다.

〉〉〉〉역 방향 카드 해석

도움이 될 만한 충고를 하는 사람을 찾아라, 새로운 파트너를 소개받다, 루머나 허튼소리는 듣지도 말하지도 않는 것이 좋다.

· 당신에게 꼭 필요한 조안자를 찾아라.
· 새로운 파트너를 만나게 되다.
· 소문은 듣지도 말하지도 말라.
· 루머를 퍼뜨리는 사람은 자신이 루머의 주인공이 되기 마련이다.
· 허튼소리를 하는 사람은 신뢰를 잃게 되기 마련이다.
· 당신에게 꼭 필요한 사람을 만나게 될 것이다.

EIGHT OF SWORDS

〉〉〉〉정 방향 카드 해석

지나치게 나쁜 소식은 오히려 당신을 안심하도록 할 것이다(더 이상의 나쁜 소식은 없을 것이기 때문에), 화를 내고 감정을 드러낸다면 일은 악화될 것이다, 당신의 잘잘못에 상관없이 비난받다.

· 최악의 상황이지만 더 나쁘지는 않을 것이다.
· 참아라, 인내하면 상황은 종료될 것이다.
· 어쩔 수 없이 당신이 책임져야만 하는 상황.
· 화를 내면 손해는 모두 당신이 뒤집어써야 한다.
· 때로는 당신이 책임져야 할 때도 있다.
· 때로는 잘잘못을 따지는 것이 불가능 할 때도 있다.

〉〉〉〉역 방향 카드 해석

아직 일어나지 않은 일 때문에 고민하다, 하지만 결과는 당신의 예상대로 좋지 못할 것이다.

· 사서 고민하다.
· 고민만 하다가 일은 실행하지 못하는 사람.
· 악운에 대해서만 예지력이 높은 사람.
· 일어나지도 않은 일로 고민한다면 생각대로 결과는 나쁠 것이다.
· 생각을 바꾼다면 결과도 바뀔 수 있다. 긍정적으로 생각하라.
· 일어나지 않은 일은 현실화되지 않을 수도 있다.

NINE OF SWORDS

〉〉〉〉정 방향 카드 해석

죽고 싶을 만큼 큰 실패, 착오로 인한 실수, 절망에 빠지다, 당신의 성공이 지연되다, 속임수에 속아 손해를 입다.

· 모든 것이 당신의 잘못이고 당신 책임이다.

· 어처구니없는 실수를 저지르고 도망가다.

· 당선이 확실한 공모전의 시상이 늦어지거나 승진 발표가 늦어지다.

· 좋지 못한 친구와의 동업은 손해를 부를 뿐이다.

· 절망에 빠질 만큼 큰 손해를 입다.

· 입시에 실패하다.

〉〉〉〉역 방향 카드 해석

공범의 혐의를 받다, 의심을 받다, 마음에 거리낄 만한 일을 하다, 스스로의 행동에 수치심을 느끼다.

· 친구의 잘못을 뒤집어쓰다.

· 모든 사람들이 당신에게도 잘못이 있다고 생각하고 있다.

· 가슴에 손을 얹고 생각해 본다면 당신이 잘못한 부분이 생각날 것이다.

· 수치심을 모른다면 당신에게 미래란 없다.

· 스스로 판단할 수 없다면 포기하라, 그런 일은 성공할 수도 없다.

· 당신이 직접적으로 저지르지 않았더라도 책임져야 하는 일도 있다.

TEN OF SWORDS

>>>>정 방향 카드 해석

질문자와 관련된 모든 것은 현재 고통과 재난이다. 혼자서 견뎌내야 하는 고통이 절망적일지라도 미래는 기대해도 좋다. 빠른 시간 내에 상황은 바뀔 것이다.

· 짧은 기간 동안의 파산.
· 짧은 기간 동안의 실직.
· 짧은 기간 동안의 실연.
· 짧은 기간 동안의 고독.
· 절망적인 질병에 걸리거나, 가족이 그러한 상황에 처하다.
· 지금은 인내할 시기, 조금만 지나면 상황은 달라질 것이다.

>>>>역 방향 카드 해석

절망의 시간은 끝나고 이제 일어설 시기, 이 시기를 잘 잡는다면 이득을 얻을 것이고 다시 절망하지 않을 수도 있을 것이다, 그러나 과거에 절망의 시간이 있었음을 기억하라, 그리고 더 이상의 실수가 일어나지 않도록 경계하라.

· 새롭게 시작되는 직장생활 혹은 학교생활.
· 과거의 실수를 회복할 수 있는 프로젝트.
· 새롭게 시작한 사업.
· 여러 가지 프로젝트를 달성하고 인정받다.
· 복권 등에 당첨되거나 의외의 수입이 생기다.

PAGE OF SWORDS

〉〉〉〉정 방향 카드 해석

작은 권력에 탐닉하다, 비밀스러운 접촉의 유혹에 주의하라, 시험에 능한 특별한 재능.

· 작은 그룹에서 리더가 되는 건 그리 중요한 일은 아니다.

· 당신에게 비밀을 털어 놓는 사람에게 비밀을 말하지 말라.

· 실전에 강하다 해도 평소 실력을 쌓아두는 게 어떨까?

· 모르는 전화번호에서 걸려오는 전화는 받지 않는 편이 이익이다.

· 누군가 당신을 소그룹의장으로 임명한다면 사양하는 것이 좋다.

· 눈앞의 일보다 미래를 보는 것은 어떨까?

〉〉〉〉역 방향 카드 해석

예측하지 못한 일이 발생하다.

· 생각지도 못한 수입이 생기다.

· 떨어진 줄 알았던 직장에서 연락이 오다.

· 당연히 붙을 줄 알았던 직장, 학교 등에서 낙방하다.

· 주변사람 혹은 본인의 갑작스런 유학.

· 복권에 당첨되다.

· 당신이 생각해 왔던 모든 일 중 하나가 반대로 이루어지다.

KNIGHT OF SWORDS

〉〉〉정 방향 카드 해석

손재주와 그것을 활용할 만한 능력, 공격에 대한 빠른 방어, 가슴속에 숨겨진 증오나 분노, 전쟁을 즐기면서도 평화를 사랑하는, 이중적인.

· 당신이 가진 재능은 손으로 하는 모든 것.
· 항상 준비하고 있기 때문에 모든 공격과 자극을 이겨낼 수 있다.
· 지금의 감정은 증오나 분노로 가득 차 있지만 효율적으로 이겨내고 있다.
· 전쟁에 앞장서서 싸우지만 가정생활은 평화롭길 바라는 사람.
· 손바닥 뒤집듯 자신의 입장을 바꾸는 사람.
· 강한 힘을 즐기지만, 그로 인해 화를 부르는 사람.

〉〉〉역 방향 카드 해석

생각을 깊게 하지 못하다.

· 자기 자신의 능력에 취해 깊게 생각하지 못하다.
· 즉흥적이고 동물적으로 반응하여 자주 실수를 하다.
· 세상 모든 것을 '적'이라고 생각하다.
· 사람들과의 관계를 '내 편'과 '남의 편'으로 나누는 단순함.
· 자기 자신의 입장만 생각하여 단순하게 판단을 내리다.
· 앞으로 일어날 일은 고려하지 못하고 눈앞의 일만으로 판단하다.

QUEEN OF SWORDS

〉〉〉〉정 방향 카드 해석

결혼하지 못한 노처녀, 남자에 관심이 없는 여인, 과부, 특별히 여성적인 슬픔, 불임이나 사회적으로 불쌍하게 여겨질 만한 질병, 금전적인 궁핍, 그러나 자존심을 굽히지 않는다.

· 당신이 여자라면 이성에 관심이 없다.
· 당신이 사귀자고 하는 여자는 남자라는 이성에 관심이 없다.
· 여자이기 때문에 더 과중하게 겪는 슬픔(불임, 이혼 등).
· 유전병 등 자신의 잘못 없이 얻게 되는 질병.
· 당신이 아무리 가난할지라도 당신의 자존심은 꺾이지 않는다.
· 과부가 된다, 혹은 과부를 만나다.

〉〉〉〉역 방향 카드 해석

사무친 원한, 똑똑한 머리를 좋지 못한 곳에 활용하다, 겉모습만 고상한.

· 오뉴월에 서리가 내리다.
· 사악한 계획 또는 남에게 피해를 주는 행동.
· 법망을 교묘하게 피하여 불법적인 사업을 벌이다.
· 우아한 모습과는 달리 마음은 잔악한 사람.
· 계획이나 행동력은 뛰어나지만 그 목적이 옳지 못한 사람.
· 마녀.

KING OF SWORDS

〉〉〉〉정 방향 카드 해석

당신에게 명령하는 사람, 하지만 그 명령이 모두 옳은 것은 아니다. 당신의 힘 또는 당신이 복종하고 있는 힘은 현재 옳지 못한 방향으로 가고 있다. 당신을(혹은 당신이) 휘두르는 명령은 힘과 권위를 바탕으로 한 것이다.

· 리더.

· 옳지 않은 법이나 명령이라도 지켜야 할 때가 있다.

· 지나친 힘은 화를 부른다.

· 권위와 힘은 잘못된 방향으로 흘러갈 때 멸망을 부른다.

· 만약 당신이 리더라면 당신의 행동을 돌아볼 필요가 있다.

· 힘과 권위를 원한다면 당신에게 명령하는 사람을 보라.

〉〉〉〉역 방향 카드 해석

잔인성, 사악함, 이 때문에 배신을 당할 수 있다.

· 질문의 답에 해당하는 사람은 매우 잔인한 사람이다.

· 이익을 위해서 자신의 힘을 휘두르는 사악함.

· 겉으로는 친구인 척하지만 그에게 배신당할 수 있다.

· 잔인하고 사악한 사람을 배신하려고 하고 있다면 뒷일을 대비하라.

· 주변 인물이 사악하다고 느껴진다면 자신을 돌아보아야 한다(유유상종).

· 당신이 배신하거나 배신당하거나.

펜타클 에이스 ACE OF PENTACLES

ACE OF PENTACLES

>>>>정 방향 카드 해석

당신이 가지고 싶어했던 최고의 만족감, 금전적인 부유함, 육체적인 환희, 이 모든 것을 가지고 유지할 수 있는 두뇌.

· 금전적인 행운에 대한 욕구.
· 지금 당신이 생각하는 것만큼 노력한다면 이루어질 것이다.
· 당신의 인생을 바꿀 만한 대단한 아이디어.
· 만족스러운 외모를 가진 사람.
· 육체적인 쾌락의 기쁨.
· 당신에게 합당한 부와 재능과 환경.
· 타인이 보기엔 넘칠 정도의 행복.

>>>>역 방향 카드 해석

돼지 목에 진주, 금전 이외의 것은 아무것도 없는, 불행이라고 생각될 정도의 부.

· 돈으로 사랑이나 우정을 살 수는 없다.
· 타인에게 비웃음을 당할 정도로 부를 낭비하며 살아가다.
· 부로 인해 우정도, 사랑도, 행복도 얻지 못한 생활.
· 가진 것은 돈밖에 없는 사람.
· 불쾌한 외모에 비뚤어진 성격, 그러나 돈은 있는 사람.
· 지나친 돈은 사람을 불행하게 만든다.

TWO OF PENTACLES

〉〉〉〉정 방향 카드 해석

지속적으로 반복되는 상황, 내부에서 솟아오르는 끊임없는 에너지, 모든 면에서 유동하는 데 어려움을 겪다(소득은 있지만 소득을 쉽게 얻지 못하다), 미래에 대한 즐거운 기대.

· 어려운 시기와 좋은 시기는 반복된다.
· 당신이 이전에 놓쳤던 기회가 돌아오다.
· 샘솟는 에너지는 당신을 성공으로 이끌 것이다.
· 쉽지는 않지만 상황에 눌리지 않을 수는 있다.
· 어려운 상황이지만 성공의 기회는 멀지 않았다는 것을 느끼다.
· 꿈과 희망을 가져라.

〉〉〉〉역 방향 카드 해석

위선적인 미소(상업적인 스마일페이스), 문장력 등 문학적인 자질, 그룹을 이루어 활동하다.

· 목적에 따라서 끝까지 유지될 수 있는 메이크업 페이스(Make-up face).
· 말재주가 뛰어난 사람.
· 글 솜씨가 뛰어난 사람.
· 장래의 꿈이 작가라면 성공할지도 모른다.
· 토론과 공동 작업을 통해 당신을 더욱 발전할 것이다.
· 화술을 통해 많은 사람들과 친해지다.

THREE OF PENTACLES

〉〉〉〉정 방향 카드 해석

장인정신, 자신의 직업에서 일류가 되고 싶어 하는 사람, 육체적인 노동이지만 전문적인.

- 열심히 노력하는 것이 가장 옳은 방법이다.
- 전문가는 어느 장르이건 가장 중요한 사람들이다.
- 당신은 인류를 위해 노력해야 한다.
- 노동자라고 불리지만 당신은 그 직업을 통해 인정받은 사람이다.
- 오랜 세월동안 노력해야만 장인의 이름을 가질 수 있다.
- 당신의 이름을 역사적으로 남기고 싶은가?

〉〉〉〉역 방향 카드 해석

잡일, 심부름, 보람을 느낄 수 없는 직업.

- 사소하고, 중요해 보이지 않는 일들.
- 매우 단순하고 누구나 할 수 있는 일.
- 남의 일을 돕다가 자신의 일을 하지 못하다.
- 수습사원이 되다.
- 직업의식이나 장인의식을 가지지 못하다.
- 당신이 성의없이 일하고 있기 때문에 보람이 없는 것이다.

FOUR OF PENTACLES

>>>>정 방향 카드 해석

약간의 부를 유지하기 위해 끊임없이 노력하다, 일벌처럼 열심히 일하는 사람, 자신의 재산임을 확인 받다(건물의 등기를 완료하다.).

· 집, 가게, 건물의 등기 이전을 완료하다.
· 회사일과 집안일을 병행하는 수퍼우먼.
· 매일 매일을 열심히 살아가는 소시민.
· 안정적인 생활을 위해 직업을 팽개치지 않는 성실한 직장인.
· 노력한 이상을 받지는 못해도 소유한 것마저 빼앗기진 않는다.
· 행복을 유지하는 것은 당신 자신이다.

>>>>역 방향 카드 해석

도둑을 두려워하다, 지위를 빼앗길 수 있는 상황에 걱정하다, 가족 내에서 혹은 조직 내에서 자신의 의견이 반대에 부딪히다.

· 타인에게 당신의 소유를 빼앗길까 두려워하고 있는가?
· 인원 감축, 구조 조정에 처해 있는가?
· 대학 입시, 진로 결정 등에 있어서 부모님의 반대를 겪고 있는가?
· 당신이 그동안 쌓아온 모든 것들이 무너질까봐 두려워하는가?
· 당신은 지금 억압당하고 있는가?
· 스트레스성 정신질환에 시달리고 있는가?

FIVE OF PENTACLES

〉〉〉〉정 방향 카드 해석

충동구매로 인한 재정파탄, 고난을 감수하는 연인들, 안정되지 못한 상황.

· 낭비로 인한 카드 연체는 당신 탓이다.

· 떨어져 사는 신혼부부.

· 언제 해고될지 모르는 직장.

· 집안의 반대를 겪고 있는 연인들.

· 항상 정식 직원이 되지 못하고 아르바이트만 하게 되다.

· 수입과 지출을 맞추지 못하는 허영꾼.

〉〉〉〉역 방향 카드 해석

상황을 파악하지 못하다, 다시 일어설 수 있는 기틀조차 남지 않은, 생각 없는 소비.

· 자신의 현실을 파악하지 못하다.

· 지금 당신이 생각하고 있는 지출은 필요없는 것이다.

· 돈은 끝까지 써버리면 돌아오지 않는다는 것을 기억해야 한다.

· 과거의 화려한 시기를 돌아본다고 해서 다시 돌아갈 수 는 없다.

· 당분간은 파산이다.

· 아무도 금전적으로 당신을 돕지 않을지도 모른다.

SIX OF PENTACLES

〉〉〉〉정 방향 카드 해석

베풀다, 자신의 행위에 기쁨을 느끼다, 가진 것에 대해 만족하다(금전적으로).

· 가진 것을 나누는 것은 좋은 일이다.

· 자신의 직업에 만족하다.

· 월급이나 수입에 만족하다.

· 스스로 주변사람을 도우려고 노력하다.

· 행복은 나만이 가지는 것이 아니라고 생각하다.

· 작고 소박한 행복을 누리다.

〉〉〉〉역 방향 카드 해석

타인에 대한 질투, 탐욕이 지나쳐 타인의 모습을 자신이라고 착각하다.

· 자신의 지위에 만족하지 못하고 항상 그 이상을 원하다.

· 타인의 것을 자신의 것이라고 생각하다.

· 남 잘되는 것을 못 보는 놀부.

· 타인의 모습에 자신을 투영하다.

· 경쟁자를 헐뜯고 미워하다.

· 자신의 능력보다는 자신의 환경을 탓하다.

SEVEN OF PENTACLES

〉〉〉〉정 방향 카드 해석

받아야 할 돈, 잘 운영되고 있는 비즈니스, 사소한 오해, 꾸며진 상황, 자신의 자리에서 밀려나가다.

· 당신이 일한 대가를 받게 되다.

· 사업적으로 융성한 상태, 금전적인 이익이 기다리고 있다.

· 작은 말실수에 의해 친구들과 마음이 상하게 되다.

· 이상하다면 당신을 속이기 위해 여럿이 계획한 게 아닌지 확인하라.

· 갑작스러운 퇴직이나 강등에 대비하라.

· 사소한 오해라도 꼭 집고 넘어가는 편이 좋다.

〉〉〉〉역 방향 카드 해석

금전적인 부를 꿈꾸다.

· 당신이 부를 원한다면 꿈꾸는 것보다는 행동하라.

· 당신이 생각한 비즈니스는 생각만큼 멋지지 않을 수 있다.

· 친구들과의 동업을 꿈꾸기보다는 혼자서 시작하는 것을 준비하라.

· 승진이나 보너스를 꿈꾸고 있는가?

· 부업이나 새로운 사업을 꿈꾸고 있는가?

· 막연히 부를 꿈꾸기만 한다면 당신은 백수로 남을 것이다.

EIGHT OF PENTACLES

장인정신, 회사원처럼 고용된 사람, 월급쟁이(프리랜서는 고용된 사람이 아니다.), 재능과 그것을 발휘할 사업적인 재능.

- 하나하나를 작품으로 만드는 것은 당신의 손이다.
- 장인에게서 계속 배우기를 원하는 문하생.
- 당신의 재능을 발휘하라.
- 직장을 포기하고 사업을 계획하고 있다면 추진하라.
- 사업적인 재능이 없다면 스스로 하려고 하지 말고 파트너를 찾아라.
- 당신의 생각이 새로운 것을 만든다.

))))역 방향 카드 해석

자신의 재능을 발휘하지 못하고 현실적인 안정을 선택하다, 자신의 능력을 과신하여 욕심을 부리다, 타인에게 지나치게 강요하다.

- 당신은 직장을 포기할 정도로 용기 있는 사람이 아니다.
- 월급인상을 요구하기에 앞서서 자신의 능력을 되돌아보라.
- 인정받기 원한다면 먼저 타인의 재능을 인정하고 도와야 한다.
- 리더라면 팀원을 조르고 협박하기보다는 포용할 수 있어야 한다.
- 새로운 사업을 기획하기보다는 지금의 사업을 유지하라.
- 당신의 애인은 당신의 지나친 리더십에 고통스러워하고 있다.

NINE OF PENTACLES

〉〉〉〉정 방향 카드 해석

지혜로운 여성, 완벽한 상황이더라도 조심할 필요는 있다, 성공과 부의 길에 대한 판단은 어려운 것이 아니다.

· 충분한 재물이 준비되어 있다.
· 사업적인 이라면 스스로의 판단을 믿어야 한다.
· 가장 간단한 길이 가장 안전한 길이다.
· 주변의 지혜를 가진 여성이 새로운 아이템을 알려줄 것이다.
· 직원에게 사업을 맡긴다면 편안하지만 발전하지는 못한다.
· 적절한 수입이 있을 때 새로운 투자보다는 절약을 하는 것이 좋다.

〉〉〉〉역 방향 카드 해석

주변상황을 제대로 판단하지 못하다, 겉과 속이 다른 사람을 만나다, 경험에 의해 타인을 믿지 못하게 된다.

· 빛 좋은 개살구.
· 좋은 소리만 하는 사람과는 사귀지 않는 것이 좋다.
· 좋지 못한 사람을 만난 적이 있다면 당연히 조심성이 느는 법, 돌다리도 두들겨라.
· 이중인격자를 만나게 된다.
· 비즈니스적인 스마일 페이스는 진실이 아니다.
· 현실을 똑바로 보아야 한다, 유혹당하지 말지어다.

TEN OF PENTACLES

〉〉〉〉정 방향 카드 해석

스스로 노력하여 독립하다, 자신이 원하는 바를 이루기 위해 떠나다.

· 금전운에 대해서 질문했다면, 당신의 금전운은 좋은 편이다.

· 당신이 노력한 결과를 얻게 되다.

· 목표를 위해 여행을 떠나다.

· 가정을 이루고 행복하게 잘 살았다.

· 충분한 자본이 주어진 사업의 시작.

· 원하던 소원을 이루게 되다.

〉〉〉〉역 방향 카드 해석

손실을 예상하는 투자, 적지만 안정적인 수입.

· 사업이라는 것은 일정 부분의 손실을 감안해야만 하는 것.

· 월급자의 생활은 만족스럽지 못할지 모르지만 안정적이다.

· 투자한 만큼 소득을 얻지 못하지만 그 정도로 만족하는 것이 좋다.

· 지금은 저축의 시기, 수입이 갑자기 늘지는 않을 것이다.

· 앞으로 돈을 사용할 일이 생길지 모르니 대비하라.

· 원래 사람이란 만족을 모르는 법, 현실에 만족하라.

PAGE OF PENTACLES

>>>>정 방향 카드 해석

호기심, 모험심, 메신저, 규칙, 혹은 그 규칙을 판단하는 사람.

- 알지 못하는 것에 대한 호기심.
- 누구보다 먼저 새로운 것을 접하고 전파시키는 사람.
- 선택을 하기 전에 먼저 정보를 습득하라.
- 정보가 부족하다면 잠시 기다리도록 하라.
- 어지르는 것보다 정리하는 것을 좋아하는 사람.
- 법률이나 행정과 연관된 사람, 정부기관과 관련된 사람.
- 시의원이나 공무원이 되고 싶다면 당신은 가능할지도.

>>>>역 방향 카드 해석

낭비와 사치, 동정심이 아닌 낭비로서의 기부, 최종적으로 날아드는 청구서.

- 오늘 외출을 할 예정이라면 신용카드는 가져가지 말 것.
- 당신이 지금 사려고 하는 것은 꼭 필요한 것이 아닐 수 있다.
- 불우이웃돕기가 착한 일이지만 마음에서 우러나야 하지 않을까?
- 충동구매를 했다면 청구서는 생각지도 못한 날짜에 날아들 것이다.
- 유행 때문에 당신과 어울리지 않는 것을 샀다면 낭비일 뿐이다.
- 돈을 써야 할 곳에 쓸 때만 의미가 있다.

KNIGHT OF PENTACLES

〉〉〉〉정 방향 카드 해석

의무를 지킬 줄 아는, 속도가 빠르지는 않지만 확실하고 안전한, 책임과 의무를 다하는 사람.

· 착실하고 성실한 공무원 같은 사람.
· 법 없이도 살 수 있는 사람.
· 항상 모험하지 않지만 확실한 방법을 찾아 행동하는 사람.
· 자신의 가족을 지키고 주변사람을 도울 줄 아는 사람.
· 자신이 맡은 일에 최선을 다하는 사람.
· 이 카드가 당신의 파트너를 위해 나왔다면 믿음을 가져라.

〉〉〉〉역 방향 카드 해석

부지런하지 못한 바보, 에너지를 얻기 위한 휴식이 아닌 강제적인 좌절의 시기, 주변의 장애를 떨칠 만한 용기가 없음.

· 항상 노력을 하지만 느린 행동 때문에 결과를 얻을 수 없는 경우도 있다.
· 성실성은 인정받지만 능력은 없다고 평가되는 사람.
· 나는 가고 싶은 곳이 많은데 나를 원하는 곳은 없다.
· 예정되었던 직장에 들어가지 못하여 갈 곳 없는 신세가 되다.
· 직장을 얻고 싶지만 윗사람의 반대를 이길 자신이 없다.

용기가 없다면 한탄하지 말라.

QUEEN OF PENTACLES

〉〉〉〉정 방향 카드 해석

위대한 영혼을 가진 여인, 부와 관련된 많은 것들, 재능·돈·명예·지위 등이 모든 것을 가진 사람, 영혼의 자유를 만끽할 줄 아는 사람.

· 조용한 목소리를 가진 우아한 여인.
· 재능과 환경이 갖춰진 사람.
· 일을 시작하려고 했다면 지금이 가장 좋은 타이밍이다.
· 명예를 추구하라, 그러면 지위나 돈은 자연스럽게 따라올 것이다.
· 눈앞의 물질적인 이득보다는 당신의 정신적 자유를 추구하라.
· 뭔가를 시도하고자 한다면 행동으로 옮겨라.

〉〉〉〉역 방향 카드 해석

절대적인 악, 세계를 부수려는 음모, 범죄의 혐의.

· 외모에 대한 지나친 집착.
· 남의 것을 아무 거리낌 없이 빼앗는 것을 즐기다.
· 선악에 관해 생각하지 못하다.
· 빼앗겨 본 적이 없는 사람은 빼앗을 줄만 안다.
· 물증은 절대 남기지 않지만 심증은 가는 범인.
· 딱히 말할 수 없지만 좋지 못한 인상을 가진 여인.

KING OF PENTACLES

〉〉〉〉정 방향 카드 해석

특별한 능력을 타고나지는 않았지만 뒤떨어지지 않는 사람, 열심히 일하면서 딱 그만큼
만 받는 상태, 진실하지만 특별하지는 않은, 오랫 동안의 노동을 통해 가정을 이루다.

· 인물에 관한 질문이라면 평범하지만 성실한 사람.
· 뿌린 대로 거두리라, 요행은 없다.
· 오랫동안의 계획, 공든 탑은 완성될 것이다.
· 특별한 장애물이나 방해없이 일이 진행될 것이다.
· 금전적으로 풍요롭진 않지만 부족하지도 않을 것이다.
· 특별한 재능이나 소질은 없지만 인내심을 가진 사람.

〉〉〉〉역 방향 카드 해석

진실하지 못한, 못생기고 사악한, 고약한 성격, 능력이 없지만 높은 지위를 꿈꾸는.

· 인물에 관한 질문이라면 진실하지 못한 사람.
· 특별히 외모나 성격에 관한 질문이라면 고약한 성격에 좋지 못한 사람.
· 자신의 능력보다 많은 것을 원하는 사람.
· 야망이 지나쳐 주변의 희생 정도는 생각하지 못하다.
· 의처증 또는 자신의 애인에 대한 지나친 집착.
· 물질적인 집착이 지나쳐 주변을 돌보지 못하다.

제5장
카드 배열법(스프레드)

〉〉〉〉배열법에 대하여

배열법은 말 그대로 '카드를 펼치는 방법'으로서, 스프레드(Spread) 또는 레이아웃 (Layout)이라고도 합니다. 즉 각각의 의미를 가지고 있는 위치에 카드를 배열하는 것 입니다. 따라서 카드가 놓여 있는 위치 전체가 카드 한 장 한 장의 의미와 연결되어 있 습니다.

배열법을 사용하기 위해서는 '사전지식'이 필요합니다. 이것은 배열법에 대한 이해는 물론이고, 사용하는 카드에 대한 지식도 매우 중요합니다. 때문에 카드 해석에 대해 충분히 공부한 후에만 사용하도록 합니다. 많은 초보자들이 해당 위치에 대한 의미를 공부하지 않고 카드 해석을 시작하는 경우가 있습니다. 그저 순서대로 배열한 다음 매 뉴얼을 대충 읽어주곤 합니다. 하지만 배열법은 그 전체적인 구조를 파악하고 있어야 만 사용할 수 있습니다.

베이직 웨이트에서는 상황에 따른 선택을 해야만 해석할 수 있도록 키워드가 구성되 어 있습니다. 따라서 제대로 알지 못하는 배열법은 사용하지 않는 것이 바람직합니다. 각각의 위치가 뜻을 가지고 있기 때문에 위치를 헷갈려하면 배열법은 무의미해지기 때문입니다.

대부분의 배열법은 이미지 리딩(Image Reading)을 위해 만들어지지 않았습니다. 한 국에 알려져 있는 이미지 리딩은 영적인 기감(氣感)과 분위기로 판단하는 '사이킥 리 딩(Psychic Reading)'으로서, 영매를 위한 것입니다. 이것 또한 훈련 없이는 불가능 합니다. 배열법은 자신이 가지고 있는 지식과 질문자에게서 받은 정보를 통해 카드를 골라내고 읽어내는 것으로 많은 노력을 요하는 행위입니다. 따라서 전문적으로 타로 카드를 사용할 사람이 아니라면 배열법을 여러 가지 사용하는 것은 바람직하지 않습 니다.

배열법을 사용한다고 해서 질문을 하지 않고 셔플해도 좋다거나, 사주처럼 전체적인 운을 볼 수 있는 것은 아닙니다. 일 년의 운세를 보더라도 일정한 주제가 필요합니다. 그것이 금전과 관련된 것인지, 인간관계와 관계된 것인지에 따라 해석이 달라지기 때 문입니다. 이것을 반드시 고려해야 합니다.

〉〉〉〉 1 카드 배열법(One Card Spread)

카드를 섞은 후, 그중에서 한 장만 뽑습니다. 이 한 장의 카드로 질문을 해석하는 방법으로서, 가장 기초적인 배열법입니다. 메이저와 마이너를 모두 섞은 다음, 그중에서 한 장을 선택합니다.

예문 1) "현재 사귀고 있는 애인과 싸웠는데, 우리의 관계가 지속될 수 있을까?"

해석 : 여기서 죽음 카드라면 관계의 변화, 즉 '끝'을 의미합니다. 때문에 부정적인 의미를 가지게 됩니다.

예문 2) "현재 사귀고 있는 애인이 있는데 우리는 잘 사귈 수 있을까?"

해석 : 여기서 죽음 카드라면, 두 가지로 해석할 수 있습니다. 우선은 지금까지와는 다른 사람, 다른 관계 혹은 오래가지 못할 사이가 될 수 있습니다. 다른 면에서 볼 때 현재까지가 부정적이라면 지금까지와는 다른 긍정적인, 현재까지가 긍정적이라면 부정적인 대답이 됩니다. 이렇게 같은 카드라도 상황에 따라 긍정과 부정이 판이하게 다른 경우도 있습니다. 이것 역시 익숙해져야 합니다.

〉〉〉〉 3 카드 배열법(Three Card Spread)

카드를 세 장 내려 놓고 해석하는 방법입니다. 이것은 지금까지 가장 널리 사용되어온 배열법으로서 초보자는 물론 능숙한 사람까지 즐겨 사용하는 방법입니다. 카드는 잡은 순서에 따라 일관성 있게 배열해야 합니다. 첫 번째 선택한 것은 1번 위치에, 두 번째 선택한 것은 2번 위치에, 마지막으로 선택한 것은 3번 놓아야 합니다. 이것은 어느 배열법에서나 마찬가지입니다.

예문 1〉 "나의 미래는 어떨까?"

1. 당신의 과거　　　2. 당신의 현재　　　3. 당신의 미래

해석 : 과거에 나는 항상 연구하는 현명함과 지혜를 가지고 있었습니다. 하지만 그 때문에 지금의 태도는 지나치게 건방집니다. 지금 내 태도를 바꾼다면 지혜는 더욱 발전할 것이며, 삶은 더욱 활력 있게 변할 것입니다. 실제상황에 맞춰 본다면, 돈을 벌기위한 지혜를 가지고 노력하고 있었으나 이 때문에 얻은 금전적인 부유함이 지나쳐 불행의 전조가 시작되었습니다. 예전의 어려울 때를 되새기며 다시 열심히 일한다면 더큰 부(富)를 얻게 될 것입니다.

>>>>5 카드 배열법(Five Card Spread)

 다섯 장의 카드로 하는 이 5 카드 배열법은 각 위치마다 정해진 카드를 구분해서 놓아야 합니다. 예를 들면 메이저 아르카나, 컵 슈트, 완드 슈트, 소드 슈트, 펜타클 슈트, 이렇게 다섯가지로 구분해야 된다면 각각의 슈트별로 따로 구분해서 섞어야 합니다.

● **1년 운세**

① 1년 운세 중 가장 많은 것을 차지하는 부분.

② 가로막는 카드, 문제.

③ 사태를 대하는 질문자의 감정, 마음가짐.

④ 실행할 힘.

⑤ 주변환경, 금전, 실재의 재능(근본).

※ 읽는 순서 : ①→②→⑤→③또는④

 1년 운세를 보는 배열법으로 3 카드 배열법과는 달리 각 슈트별로 따로 섞어야 선택합니다. 이러한 방식은 클래식 타로에 많이 등장합니다. 1년 운세 배열법의 특징은 마음가짐을 컵으로, 힘을 완드로, 활동을 방해하는 것을 소드로, 마지막으로 재능을 펜타클로 표현한다는 점입니다.
이러한 배열법을 속성 배열법(Attribute Spread)이라고 하는데, 각 슈트 카드를 물, 불, 바람, 흙의 속성으로 나누어 표현하기 때문입니다.

〉〉〉〉켈트 십자가 배열법(Celtic Cross Spread)
 켈트 십자가 배열법은 사실 초보자에게 추천할 만한 것은 아닙니다. 전개법 자체가 오묘한 의미를 가지고 있어서 해석이 복잡해질 수 있기 때문입니다. 다만 질문을 하지 않고 '사주(四柱)'나 '육효(六爻)'를 보듯이 어떤 사건에 대한 원인, 현재 상황, 결과, 혹은 각각의 다른 시각을 한꺼번에 보고 싶다면 이 배열법도 나쁘지 않습니다. 국내에서는 켈트 십자가 배열법이 기본적인 것으로 인식되어 있어 소개합니다.

● 켈트 십자가의 유래
 켈트 십자가는 원래 스톤헨지(Stonehenge)라는 특별한 건축물에서부터 유래됐습니다. 사실 이 건축물 또한 '십자가'라는 특별한 상징에 대한 연구를 위한 것이었습니다. 십자가는 별들이 태양계에서 십자 모양으로 선다는 특별한 현상을 말하는 것입니다. 별의 위치가 더욱 특별한 의미를 가지게 되었을 때, 세상도 인간도 영향을 받게 된다는 것은 자연친화적인 드루이드(Druid)등에게는 그리 특별한 생각도 아니었습니다. 스톤헨지는 이 별자리를 관측하는 곳에서 하늘과 자연을 위해 의식을 거행했을 것입니다. 십자가는 다시 스톤헨지의 원형 안에 자리 잡은 사제들의 모습을 반영합니다.
 물, 불, 바람, 흙의 연금술적인 자연을 상징하는 네 명의 사제들이 켈트 십자가 배열법의 기반이 된 '십자가'인 것입니다. 그들은 각각 계절과 별의 모습, 그리고 신탁을 받을 질문에 따라 여러 가지 방법으로 점을 치기도 했습니다. 네 명이 함께 신탁을 구했던 것은 신탁에서조차 객관성을 가지고자 했던 그들의 생각을 반영하는 것입니다.

다시 말해 켈트 십자가는 드루이드들의 신성한 상징인 것입니다.

켈트 십자가 배열법의 3,4,5,6번 카드는 이 신성한 사제들을 상징합니다. 그들의 중심에 있었던 것은 그들을 위해 타오르고 있던 불길이었습니다. 이 '불'이 교차한 두 장의 1번 카드와 2번 카드입니다.

● 켈트 십자가의 용도

켈트 십자가에 관한 문헌을 한번 찾아봅시다. 일단 1700년대까지 마르세이유 타로 관련 문헌을 비롯해 여러 문헌들에서도 배열법과 관련된 내용은 찾아볼 수 없습니다. 다만 당시의 생활상을 나타내는 고서들의 삽화에서만 당시의 카드 점술을 엿볼 수 있습니다. 3장, 9장, 12장 등 3의 배수로 이루어진 카드의 배열이 전부입니다. 켈트 십자가와 유사한 십자 배열은 1800년대 말부터 찾아볼 수 있습니다. 여섯 장의 카드를 십자 모양으로 배열하는 것으로, 중앙의 카드를 십자 모양으로 겹친 것이 현대의 켈트 십자가와 유사합니다.

이 켈트 십자가 배열법이 원래 무엇으로 사용되었는가는 그 유래를 통해 간단하게 예상할 수 있습니다. 바로 신탁(Oracle)때문입니다. 규칙적이고 제한적이었던 당시 점술의 분위기를 생각해보면 충분히 이해할 수 있는 부분입니다. 당시에는 모든 점술이 '신비(神秘)의 연구'라는 연구적인 목적과 신탁에 한정되어 있었습니다. 부인들이 소소한 이야기들을 물어보는 것은 타로 카드보다 대중적이었던 '르노르망'으로 트럼프 점에서 한 단계 발전된 것이었습니다.

타로 카드의 대중화는 1900년대 중반에 가서야 이루어집니다. 1800년대의 남아 있는 많은 문헌들을 통해 수많은 연구가들이 타로 카드를 연구했습니다. 하지만 이것은 타로 카드를 만들었다는 것이지 대중적으로 사용했다는 의미를 아닙니다. 이처럼 켈트 십자가는 매우 중요한 배열법 중 하나였습니다.

현재 모습의 켈트 십자가가 등장한 것은 1900년대 중반이었습니다. 이때는 히피, 집시 그리고 모든 암울한 분위기의 음악, 과거로의 회귀에 대한 분위기가 조성되어 있을 무렵이었습니다. 켈트 십자가가 그려진 탁자보 위에 그 십자가 모양대로 카드를 놓는 유행이 시작되었는데, 이것이 다시 켈트 십자가 배열법으로 발전하게 된 것입니다.

현재의 모습이 되기 위해서 7,8,9,10번에 약간의 변형이 있었습니다. 타로 카드를 좀 더 정확하게 활용하기 위해 첨가된 부분입니다. 일설에는 좀더 객관적인 네 개의 원소를 상징하는 것이라고 합니다. 즉 원에 속하는 네 개의 원소는 감정적인 것이고, 바깥에 늘어선 네 개의 카드는 객관적인 것이라고 할 수 있습니다. 실제로 카드를 해석해 보면 7,8,9,10이 그저 나중에 첨가된 카드라는 것을 알 수 있습니다.

● 각각의 위치를 해석하는 방법

1. 현재의 상황(Present Position) : 질문자는 어떤 환경을 가지고 있는가, 환경요인은 어떤 것이 있는가.
원인은 나타나는 자리입니다. 이곳에서는 질문자의 성격(많은 것의 원인이 되는), 금전 상태, 가족 관계, 직장에서의 생활 등이 나타나게 됩니다.

2. 당면한 영향(Immediate Influence) : 질문자를 직접적으로 자극하는 것들과 그것으로 인한 영향.
흔히 '장애물' 카드라고 부르며 질문자가 결과를 얻기 위해 제거해야 하는 환경, 또는 질문자가 해내야 하는 임무를 이야기합니다.

3. 가까운 미래(Goal or Destiny) : 질문자가 원하는 결과와 가장 가까운 것.
질문자가 최선을 다했을 때 얻을 수 있는 최상의 것을 말합니다. 이 카드에서 나타난 모든 것은 질문자의 행동에 따라 변동될 수 있습니다.

4. 먼 과거, 배경(Distant Past) : 사건의 원인이 된 과거.
인간관계라면 과거의 사건을, 사업적인 측면이라면 과거에 이미 당신에게 전달되었던 경고를 말합니다. 물론 당신에게 과거로부터 영향을 주었던 인물(주로 부모님이나 선생님)을 설명하기도 합니다.

5. 가까운 과거(Recent Past) : 현재와 가까운 미래의 일들.
질문과 연관하여 질문의 내용이 진행되는 과정을 보여줍니다. 즉 질문자가 질문한 시점을 중심으로 사건의 전개를 보여주는 위치입니다.

6. 목표, 목적, 이상(Future Influence) : 가까운 시일에 일어날 일 또는 그로 인한 영향.
가까운 시일에 일어날 사건으로 인한 영향 또는 그 영향으로 당신이 어떻게 변화할 것인가를 말합니다.

7. 질문자의 영향(The Questioner) : 가장 중요한 카드들 중 하나로 질문자 자신을 상징하는 카드.

때로는 이것이 모든 사건의 원인일 수 있다. 질문자가 모든 사건의 원인이라면 질문자의 잘못이 적나라하게 드러나는 위치입니다.

8. 환경적인 영향(Environmental Factors) : 2번 위치가 직접적이었다면 8번 위치는 간접적인 영향을 미치는 카드이다.
2번 위치가 인물이나 금전 등을 나타낸다면, 8번 위치는 살고 있는 지역의 특성이라든가 지속적으로 영향을 주지만 특별하게 인식하지 못하는 것들을 말합니다.

9. 태도, 느낌, 감정(Inner Emotions) : 질문자가 원하는 것, 실현에 대한 두려움.
질문자가 숨기고 있는 감정이 드러나는 카드입니다. 만약 질문자가 거짓으로 질문을 했다면 이 카드에서 질문의 진실 여부가 드러납니다.

10. 최종 결과(Final Result) : 현재 상황에서 가장 좋은 선택.
질문자들이 흔히 말하는 '네(Yes)' , '아니오(No)'를 밀해주는 위치입니다. 가장 최종적인 대답을 해주는 위치입니다.

제6장
카드 해석, 초보라면 이렇게 해보자

제3 카드 배열법의 경우

〉〉〉〉 애정운을 해석할 때

1. 당신의 과거   2. 당신의 현재   3. 당신의 미래

●**첫 번째 단계** ⇨ 먼저 해당하는 키워드를 열거해 봅니다.

1. 컵 2
· 사랑에 빠진 것인가?
· 당신의 상대도 당신을 사랑하고 있다.
· 비즈니스적으로 잘 맞는 파트너를 만나게 된다.
· 훌륭한 금융의 재능을 지닌 파트너.
· 당신을 성공으로 이끌어주는 매니저.
· 당신을 잘 알고 이끌어주는 가족.

2. 펜타클 8
· 하나하나를 작품으로 만드는 것은 당신의 손이다.
· 장인에게서 계속 배우기를 원하는 문하생.
· 당신의 재능을 발휘하라.
· 직장을 포기하고 사업을 계획하고 있다면 추진하라.

- 사업적인 재능이 없다면 스스로 하려고 하지 말고 파트너를 찾아라.
- 당신의 생각이 새로운 것을 만든다.

3. 여사제
- 중요한 순간에는 당신의 말을 들어주는 조언자.
- 물질적 결과에 대해서는 확실히 알 수 없는 상태.
- 자신의 비밀은 물론 타인의 비밀도 지키는 사람.
- 정신적으로 안정된 여성.
- 물질적 이익을 떠나서 당신을 편안히 해주는 사람.
- 남다른 지혜와 지식을 가진 당신 혹은 그것이 필요한 상황.
- 좀더 생각을 깊게 하는 것이 좋다.

● **두 번째 단계** ⇨ 이제 애정과 관계없는 키워드들을 버리세요.

1. 컵 2
- 사랑에 빠진 것인가?
- 당신의 상대도 당신을 사랑하고 있다.

2. 펜타클 8
- 하나하나를 작품으로 만드는 것은 당신의 손이다.
- 당신의 재능을 발휘하라.
- 당신의 생각이 새로운 것을 만든다.

3. 여사제
- 중요한 순간에는 당신의 말을 들어주는 조언자.
- 물질적 결과에 대해서는 확실히 알 수 없는 상태.
- 자신의 비밀은 물론 타인의 비밀도 지키는 사람.
- 정신적으로 안정된 여성.

· 물질적 이익을 떠나서 당신을 편안히 해주는 사람.
· 남다른 지혜와 지식을 가진 당신 혹은 그것이 필요한 상황.
· 좀더 생각을 깊게 하는 것이 좋다.

●세 번째 단계 ⇨ 위의 키워드들을 조합해 해석합니다.

해석 1 : 과거에 사랑의 열정에 빠졌었던 당신. 지금은 상대방에게 매달려 있습니다. 상대방을 지금처럼 사랑하는 것도 좋지만, 그 사람이 더욱 행복할 수 있도록 생산적인 관계를 유지하는 것도 당신의 몫이라는 것을 잊지 마세요. 당신이 노력하지 않는다면 연인은 떠날 수도 있습니다.

해석 2 : 사랑에 빠진 당신. 상대방도 당신을 사랑합니다. 당신이 상대방을 사랑하는 만큼 상대방도 당신을 놓치지 않을 것입니다. 그러나 미래에 대한 것은 역시 생각을 깊게 하는 것이 좋겠군요.

〉〉〉〉금전운을 해석할 때

TWO OF PENTACLES
1. 당신의 과거

TWO OF CUPS
2. 당신의 현재

X WHEEL OF FORTUNE
3. 당신의 미래

●첫 번째 단계 ⇨ 먼저 해당하는 키워드를 열거해 봅니다.

1. 펜타클 2
· 어려운 시기와 좋은 시기는 반복된다.

- 당신이 이전에 놓쳤던 기회가 돌아오다.
- 샘솟는 에너지는 당신을 성공으로 이끌 것이다.
- 쉽지는 않지만 상황에 눌리지 않을 수는 있다.
- 어려운 상황이지만 성공의 기회는 멀지 않았다는 것을 느끼다.
- 꿈과 희망을 가져라.

2. 컵 2

- 사랑에 빠진 것인가?
- 당신의 상대도 당신을 사랑하고 있다.
- 비즈니스적으로 잘 맞는 파트너를 만나게 되다.
- 훌륭한 금융의 재능을 지닌 파트너.
- 당신을 성공으로 이끌어주는 매니저.
- 당신을 잘 알고 이끌어주는 가족.

3. 운명의 수레바퀴

- 행운의 별은 당신 머리 위에 있다.
- 당신은 완벽한 행복을 맛보고 있다.
- 이전에도 미래에도 당신은 행복할 것이다.
- 무언가 시작하고 싶다면 지금이 그때이다.
- 당신을 보호하고 있는 행운을 마음껏 누려라.
- 긍정적인 질문에 대한 답이라면 'Yes'.

●두 번째 단계 ⇨ 금전에 해당되는 키워드만 남기고 나머지는 버립니다. 중복되는 키워드들도 버리세요.

1. 펜타클 2

- 당신이 이전에 놓쳤던 기회가 돌아오다.
- 쉽지는 않지만 상황에 눌리지 않을 수는 있다.

2. 컵 2
· 비즈니스적으로 잘 맞는 파트너를 만나게 되다.
· 훌륭한 금융의 재능을 지닌 파트너.

3. 운명의 수레바퀴
· 무언가 시작하고 싶다면 지금이 그때이다.
· 당신을 보호하고 있는 행운을 마음껏 누려라.

●**세 번째 단계** ⇨ 위의 키워드들을 조합해 해석합니다.

해석1 : 금전적으로 어려운 상황을 겪었지만 포기하지는 않았다. 현재는 다행히 좋은 파트너를 만나 미래에 대해 긍정적인 견해를 갖고 있다.

해석2 : 좋지 못한 상황에서 예전에 놓쳤던 기회를 다시 얻게 되었다. 현재는 그 기회를 좀더 넓힐 수 있는 파트너를 만난 상태. 금전적인 상태도 점점 나아지고 있으며 앞으로 더 좋아지리라고 생각한다.

해석을 보면 과거에 선택된 키워드를 기준으로 현재와 미래를 서술한다는 것을 볼 수 있습니다. 과거, 현재, 미래의 단계적인 변화를 이야기하기 위해서는 이렇게 시간의 순서대로 서술하는 것이 가장 간편한 방법입니다. 여기서 어떤 세부적인 주제가 있었다면 버려진 키워드들을 활용하면 됩니다.

부록 〉〉〉 초보들을 위한 Q&A 10가지

Q1. 타로 카드로 자신의 점을 볼 수 있나요?

A1. 가능합니다. 다만 작위적인 해석이 되기 쉽기 때문에 더 주의를 기울여야 합니다. 자신의 상황을 너무나도 잘 알고 있기 때문에 마음대로 해석하거나, 점괘에 너무 집착하는 경향을 보일 수 있기 때문입니다. 점을 칠 때 두려움을 가지고 있으면 나쁜 결과가, 그리고 너무 자만하면 실제와 전혀 다른 결과가 나올 수 있습니다. 그러므로 자신의 점을 볼 때에는 최대한 객관적이어야 합니다.

Q2. 해석을 잘하려면 어떻게 해야 되죠?

A2. 해석을 하려면 단어를 문장으로 연결해서 만들어낼 줄 알아야 합니다. 어떤 일이나 그렇듯이 여러 번 해보아야 스스로 방법을 깨달을 수 있습니다. 일단 78장의 간단 키워드를 달달 외우면서 그림을 안 봐도 해석할 수 있을 정도로 연습합니다. 키워드만 보고도 그림을 떠올릴 정도가 되면 어느 정도 상황과 키워드를 맞출 수 있습니다. 이것이 가장 단시간에 타로 카드를 사용할 수 있는 방법입니다.

Q3. 다른 사람의 미래를 당사자의 부탁이 없거나, 당사자가 없는 자리에서 해도 되나요?

A3. 가능하면 권장하지 않습니다. 그럴 때는 점괘를 절대로 남에게 누설하지 말아야 합니다. 물론 점괘상으로는 영향이 없을 수 있습니다. 하지만 문제는 그 사실을 상대방이 알았을 때 본인에 대한 기본적인 신뢰도를 잃게 된다는 것. 그 점을 꼭 기억하시기 바랍니다.

Q4. 모르는 사람의 점을 봐줄 수도 있나요?

A4. 물론 경험이 쌓이면 가능합니다. 초보자에게는 직관적인 면이나 해석하는 면에서 부족하기 때문에 쉽지 않습니다.

Q5. 같은 질문을 반복했는데 왜 할 때마다 다른 답변이 나오는 걸까요?

A5. 같은 질문을 했다고 해서 똑같은 카드가 나오는 일은 거의 없습니다. 만약 그렇다면 그 질문은 매우 중요한 것입니다. 아주 절대적인 질문을 제외하고는, 사람의 생각이라는 것이 1초가 지나갔더라도 생각이 바뀌기 때문입니다.

Q6. 타로 관리는 어떻게 하나요?

A6. 타로 카드를 구기거나, 꺾거나, 바닥에 문지르면서 섞는 등의 행위는 삼가해야 합니다. 이런 행위는 카드의 수명을 단축시키기 때문입니다.

Q7. 카드로 점을 치고 나면 많이 피곤해지는 것 같아요.

A7. 카드로 점을 칠 때 정신집중을 요하기 때문입니다. 그래서 일부 사람들은 몸을 완화시켜주는 운동을 하기도 합니다. 만 명 중에 한 명 정도는 자신이 의도하지 않아도 자동적으로 집중상태에 빠져드는 경우가 있습니다. 이런 예민한 특성을 가진 사람이 타로 카드를 사용한다면 실제로 정신집중이 과다하게 이루어졌기 때문에 다소 피곤할 수 있습니다. 이런 경우 향이나 아로마 초(특유의 향이 나는 초)를 통해 몸의 긴장을 완화시킨 다음 타로를 사용하는 것도 좋은 방법입니다.

Q8. 타로 카드를 친구가 빌려달라고 하는데 그래도 괜찮나요?

A8. 친구에게 빌려주는 것보다 차라리 선물을 하세요. 빌린 물건을 주인처럼 다루는 사람은 많지 않으니까요.

Q9. 메이저 아르카나와 마이너 아르카나는 구분해서 사용해야 하나요?

A9. 배열법에서 메이저 아르카나와 마이너 아르카나를 따로 사용해야 한다면 구분을 해줍니다. 그렇지 않으면 같이 섞어서 사용합니다. 메이저만을 사용하는 경우는 마이너까지 소화하지 못하는 초보자들을 위한 경우에 한합니다. 기본적으로 배열법들은

메이저와 마이너를 모두 사용하도록 되어 있습니다. 메이저와는 달리 마이너는 수십 가지의 상황을 그려내고 있습니다. 그렇기 때문에 구체적인 해답을 줄 수 있는 마이너가 우리에게 더욱 필요합니다.

Q10. 복각(復刻)이란 무슨 의미인가요?

A10. 복각은 사실상 100년 이상 된 작품을 재현하고 재해석하는 일입니다. 출간된 지 100년 이내의 덱을 그대로 보고 그리는 행위는 저작권 침해에 해당됩니다. 모티브 또는 배경을 그대로 두고 인물만을 새로 그린 경우다 마찬가지입니다. 또한 단순히 보고 그리는 것이 복각이 아닙니다. 바로 자신이 만든 타로에 형식과 의미를 부여하는 것이 중요합니다. 라이더 웨이트를 보고 복제하는 과정에서 석류를 파인애플로 바꿔치기 하는 등의 행위는 타로 고유의 의미를 훼손시키는 일입니다.